JOURNAL D'UN PRISONNIER

Du même auteur

Journal de guerre. C'est l'Occident qu'on assassine, Fayard, 2024.

Manuel de résistance au fascisme d'extrême gauche, Les nouvelles éditions de Passy, 2021.

Névroses médiatiques. Le monde est devenu une foule déchaînée, Plon, 2018.

Le vieil homme m'indigne ! Les postures et impostures de Stéphane Hessel, J.-C. Gawsewitch éditeur, 2012.

Réflexions sur la question blanche. Du racisme blanc au racisme antiblanc, J.-C. Gawsewitch éditeur, 2011.

Les Martyrocrates. Dérives et impostures de l'idéologie victimaire, Plon, 2004.

Le Nouveau Bréviaire de la haine, Ramsay, 2001.

Gilles-William Goldnadel

Journal d'un prisonnier

Dystopie

Fayard

Ceci est une fiction s'inspirant de certains faits réels.
Toute ressemblance avec des personnes ou des situations existantes ne saurait être totalement fortuite.

Couverture : Gilles-William Goldnadel

ISBN : 978-2-213-72616-8
Dépôt légal : janvier 2025

Avertissement
pour qui aurait en main ce document

Ce nouveau journal n'a pas été rédigé par un diariste insouciant, mais par un captif angoissé. Il doit donc être regardé avec distance comme un témoignage imparfait pour exorciser le présent.

Ils sont venus me chercher

Nous sommes au mois de Marx[1], un quatre. Ils sont quatre. Un homme noir, une femme blanche, une transhomme blanche et un transfemme noir[2]. Il paraît que c'est désormais la procédure plurielle.

En mon très for intérieur, je ne peux m'empêcher de penser qu'il manque un handicapé métissé. C'est plus fort que moi.

Ils sont totalement neutres. Jusqu'à leur tenue : pantalon noir pour les femmes, chaussures noires sans chaussettes et robes noires à rayures blanches pour les hommes. Ils sont neutres dans leur expres-

---

1. Un calendrier évolutionnaire a remplacé le calendrier réactionnaire.

2. Par souci d'objectivité scientifique, j'ai opté pour le sexe biologique plutôt que pour le genre psychologique. Transparence lexicale, ni transphobe, ni transphile.

sion gestuelle et verbale. Leurs yeux sont vides. Il semble n'exister entre eux aucune complicité. J'ignore même s'ils possèdent des dents, faute de sourire.

Ils ne m'ont exprimé ni sympathie, ni acrimonie.

« Bonjour, Ghislain Gronadel, homme blanc privilégié, tu dois nous suivre.

– Pourquoi donc, je vous prie ? je demande à mon interlocuteur en utilisant ostensiblement le voussoiement à la française. J'ai rendez-vous à l'hôpital… »

À ce stade inaugural de mon récit, je dois d'ores et déjà faire à mon improbable lecteur une confidence qui ne me coûte pas cher : je me moque à présent de tout. Je m'en tape. Je m'en cogne. Quoique d'une bravoure physique très raisonnable (nul, y compris parmi mes pires détracteurs, ne contestant en revanche ce courage intellectuel, qui d'ailleurs me cause les problèmes que je me propose de vous narrer par le menu), mon sort désormais me laisse assez indifférent, dès lors que j'ai la certitude de ne point souffrir charnellement. Je me fous à peu près de tout depuis que La Transe insoumise a pris le pouvoir et que les miens sont à l'abri. Or il est acquis aux débats que ceux que j'avais baptisés avant leur victoire de demeurés éveillés ne sont pas de sombres brutes. Ni nazis gestapistes, ni moscoutaires guépéistes.

Cruels, entêtés, dangereux, haineux, stupides, ça oui. Mais brutaux, point !

Je suis donc décontracté.

Le bon Dieu, dont il m'arrive parfois de douter de l'inexistence, ne s'est pas trop foutu de moi. J'ai eu ma part. J'ai 58 ans, même si chacun s'accorde à m'en donner beaucoup moins.

« Tu n'as pas répondu à la convocation, donc tu dois nous suivre.

– Pour aller où ?

– Au Centre du Bien. »

En partant, je demande à Mme Cintra, ma gentille concierge, de prendre soin de Serge, mon chat rouquin.

Machine arrière

L'année précédente, le treizième jour de ce qui était encore le mois de septembre, en Seine-Saint-Denis, un adolescent prénommé Kamel a été tué par un policier lors de son vingt-quatrième refus d'obtempérer. Pour tenter de calmer les choses, le policier qui, pourtant, protestait de son innocence et de son absence de tout préjugé raciste, a été incarcéré. Des centaines de militants antifascistes ou colorés encolérés l'ont extrait de sa prison après avoir égorgé les gardiens et l'ont pendu par les pieds. La faiblesse de l'État a libéré la violence des quartiers islamisés. La Sainte-Alliance tant espérée entre les voyous bigarrés, les islamistes organisés et homophobes et l'extrême gauche blanche antiblanche et éveillée de La Transe insoumise a enfin été réalisée dans la rue. La chasse aux blancs organisée a commencé. On a tiré sur les policiers présentés depuis des années comme des beaufs franchouillards donc racistes, et ceux-ci ont craint de répliquer. Beaucoup ont été lynchés.

Trois semaines de faux calme plat. Rien à écrire.

Vient le 7 d'un mois pourri de l'an 23 maudit. Je suis un Juif plus mort que vif. Le grand pogrom, la tuerie des nouveau-nés niée par des sages-femmes. Le viol des femmes blanches nié par des féministes. Les décapitations niées par des écervelés, les tortures réfutées par d'aimables sadiques. L'humiliation d'être redevenu un Juif souffrant alors que je me figurais en combattant. Le retour de la voussure. La haine dans la rue française qui ne l'est plus vraiment, dans les facs de lettres d'illettrés, dans le monde, dans *Le Monde* en ligne électronique comme sur l'odieux visuel public et, enfin, la nazification des pogromisés. Mon improbable lecteur a éventuellement lu mon *Journal de guerre*. Celui-ci m'a provisoirement ressuscité. Et puis, j'ai connu une sorte de seconde mort avec ce parti antisémite, cette Transe insoumise, qui a fait son nid sans rencontrer de résistance.

Et puis un troisième trépas en juin de cette année 2024 quand une véritable escroquerie au scrutin a permis à des crétins, par voie de désistements au profit de La Transe, de voler la victoire au-dessus d'un nid de cocus. Alors, je marchais. Je mangeais. Je travaillais. Je défendais mes deux pays, mes deux peuples. Mécaniquement.

Mais je ne vivais plus vraiment. J'y ai laissé ma joie de vivre, ma libido, mon plaisir de plaire, mon amour de la vie.

Je me regarde froidement dans le miroir. J'ai pris vingt ans dans la gueule. Mais puisque je vous dis que je m'en fous.

Et puis, tout a définitivement basculé. L'Assemblée était paralysée, comme le petit personnel politique médiocre. Les femmes et les transfemmes sont descendus dans la rue, exaspérés. Sardine Ruisseau, Rima Rien, Sophie Cabinet de la Ségété demandaient justice pour les femmes, les trans, et les retraités de la SNCF. Pour les victimes des mâles blancs privilégiés, à commencer par les Palestiniens, en terminant par le climat déréglé.

Les islamistes ont escorté les féministes pour les protéger.

Peu de viols ont été rapportés, la plupart des relations étant consenties dans un esprit de gratitude, selon le rapport de Caroline de Cologne. « Les magasins ont été pillés. Quelques Juifs ont été massacrés par des islamistes et leurs associés dans les rues de Paris. Moins qu'on n'aurait pu le craindre », ont observé les observateurs antiracistes les plus attentifs.

Des crèches et des églises ont été incendiées. Ainsi que tous les édifices publics arborant un drapeau tricolore. Quelques patriotes français exaltés ont sorti les vieux fusils. Ils ont été anéantis par les blacks blocs, les antifas et des voyous islamisés armés jusqu'aux dents de mitraillettes et de mortiers. Le président s'est enfui à Vittel avec son gouvernement, officiellement pour prendre les eaux, avant de démissionner. L'armée, divisée, s'est débandée. Les riches sont vite partis à l'étranger tandis que beaucoup d'étrangers sont entrés. La majorité de la population française est restée claquemurée à regarder la télévision avant qu'elle ne soit coupée, tandis qu'une minorité enthousiaste se montrait prête à collaborer avec une minorité immigrée ravie d'en découdre. Tous les autres immigrés étaient terrorisés. Il n'y a pas eu de guerre civile.

Nombre de jeunes ne voulaient pas se battre pour la vieille France. Certainement pas pour sa terre rance, mais seulement pour la Terre en souffrance et contre les méga-bassines. Beaucoup n'ont plus aucune idée certaine de la France ni des Français. Ni même de ce qu'ils sont.

Le pouvoir émasculé est tombé comme un fruit mûr et en trois mois dans les mains de La Transe insoumise et de ses alliés des quartiers insensibles et impopulaires. Les syndicats de journalistes et un syndicat de magistrats ont fait acte d'allégeance au nouveau pouvoir « par respect pour la vie humaine ».

De toute manière, dès le début des émeutes, le pouvoir, faible et versatile, avait interdit la presse dite d'« extrême droite », accusée de jeter de l'huile sur le feu par Journalistes sans frontières et le Syndicat national des journalistes indépendants et non militants.

Les télés du groupe Boruto ont été interdites et leurs journalistes incarcérés.

Les opposants politiques qui n'ont pas fui à l'étranger ont été appréhendés. Dans l'attente de leur jugement, Martine Lepeigne et Éric Lamour sont provisoirement exposés au Jardin des Plantes pour l'édification de la jeunesse. Par mesure d'humanité, le pouvoir les a placés dans des cages séparées.

SOS pour le racisme a aussitôt réaffirmé « fermement » sa « neutralité bienveillante » à l'égard des nouvelles autorités de l'antiracisme desquelles il répond comme du sien. Internet et sa fâcheuse sphère ont été fermés.

L'Union des Juifs progressistes antisionistes a tenu à faire allégeance au pouvoir antiraciste. Son président, Arié Levi de Pellepois, est chargé de la question juive. Son premier acte a été de publier une liste des sionistes les plus dangereux. Sans vouloir me vanter, je figure en premier.

Néanmoins, le Comité des Israélites de France a été maintenu. Le pouvoir, qui connaît l'Histoire, fait confiance aux Juifs de cour pour respecter leur tradition de soumission contre un hochet ou une décoration. Ou simplement pour avoir la vie sauve.

La police a été démantelée et l'ensemble de ses fonctionnaires racistes et fascisants révoqués sans solde et sans préjudice de poursuites ultérieures. Des milices de la Résistance antifasciste ont été fondées, les membres répertoriés des antifas, des blacks blocs et de Soulèvement de la Terre en font partie de droit et ont été immédiatement armés et appointés. Les migrants fichés S ont reçu une indemnité.

Un pacte a été conclu entre les vainqueurs. Il ne s'agit pas que d'un simple accord de circonstance. Les Transe insoumis n'avaient pas lorgné sur les quartiers islamisés seulement par pur opportunisme électoral ou antisionisme congénital. C'est plus profond que cela. Il y a pour l'islam chez ces gens blancs sans Dieu une révérence craintive et obséquieuse quasi religieuse.

Le décolonialisme et l'antiesclavagisme s'arrêtent à la côte arabo-islamique. Cet islam est placé, de bonne foi au sens littéral, hors des structures critiquables, sanctuarisé comme intouchable, tel un agent révolutionnaire de bon aloi.

La Transe insoumise gouverne donc désormais une France diversitaire et postnationale, à l'exception de la Seine-Saint-Denis (rebaptisée Seine-Sain-Déni), du Val-d'Oise, du Val-de-Marne et des Bouches-du-Rhône dans lesquels sera créée la République islamique autonome et démocratique (RIAD). Le nouveau drapeau du pays post-français représente un marteau portant des faux cils aux couleurs de l'arc-en-ciel. Dans la RIAD, flotte au vent un étendard palestinien orné d'un croissant beurre.

Étrange défaite. Finalement, l'islamo-wokisme a vaincu sans combattre. Cette alliance oxymore a fait peu de décès.

Dans le même temps, de l'autre côté de la mer, le Hamas a gagné la guerre médiatique à plate couture. Le Grand Pogrom était oblitéré et le pays des survivants de la Shoah est devenu l'État génocidaire et barbare planétaire.

Mes deux peuples d'Occident ont été vaincus par la même idéologie et les deux victoires concomitantes de ses adversaires sont complémentaires.

J'étais trop las pour décamper.

1.
Le Camp du Bien

Nous sommes conduits dans une charrette électrique au milieu de Parisiens tantôt indifférents, tantôt moqueurs, certains vociférant, d'autres discrètement compatissant. La crainte règne en maîtresse. On nous a intimé l'ordre de nous taire. J'ai rejoint Michel Auffray, Alan Finkelstein, Pierre-Andréa Tagliatel et Ludovine Anfant. Nous passons donc deux heures à rouler sans échanger un mot et à nous sourire parfois tristement.

Le camp est situé au milieu d'une jolie clairière. À l'entrée, est écrit, sur un grand arc de fer forgé : *Centre du Bien*. En dessous, inscrit en caractères bien trempés : *L'humour est l'ennemi de l'Amour*. Ainsi que : *La Paresse rend Libre*.

De nombreux bâtiments en verre vert transparent ainsi qu'un grand immeuble blanc composent ce qui ne peut être désigné autrement que par le mot camp. Je ne croise qu'un ancien journaliste du *Beaumarchais* dont le nom m'échappe et qui fait mine de ne pas me reconnaître. J'ai compris que je ne devais pas le compromettre. Il porte un survêtement arc-en-ciel et des tongs. Escorté par une patrouille plurielle, il suintait la peur. Après une séparation sans mot dire ni sourires de mes compagnons d'infortune, ils m'ont directement installé dans une petite cellule translucide. Elle est sobrement composée d'un lit pour une personne, d'une table de chevet, d'un cabinet de toilette et d'une cuvette de *water-closet*. Sur le lit est posé un survêtement aux couleurs fluides manifestement réglementaires.

Le chef de la patrouille plurielle m'indique avec indifférence que je dois le porter. Puis tout ce petit monde est reparti sur un pas réglementaire après avoir fermé à double tour l'épaisse porte de verre.

Je suis donc, à dater de ce moment, officieusement prisonnier et mon sort paraît assez nettement scellé.

À ce stade, je vous confirme que celui-ci m'est curieusement toujours aussi égal. Mon seul problème d'importance étant de devoir me soulager en toute transparence.

Le procureur Lechat-Gepetto

Ils m'ont laissé seul à quinze heures vingt-huit. J'en suis sûr, car c'est l'heure où ils m'ont demandé de leur remettre ma montre et mon portable. Ce que je n'ai pu qu'interpréter que comme une mesure confiscatoire en même temps que vexatoire. Quatre heures plus tard, un homme blanc m'a apporté des pommes de terre, un yaourt aux fruits rouges, ainsi qu'une banane verte. Si c'était encore pour m'atteindre, c'est manqué : je suis végétarien.

Sur la petite table, deux feuilles de papier étaient posées. En caractères d'imprimerie, un premier texte qui ne m'était manifestement pas personnellement destiné, si j'en juge par la teneur :

> Accusé·e, bienvenu·e au Centre du Bien. Quelles que soient les fautes lourdes qui t'ont conduit·e ici, sache que tu n'es pas notre ennemi·e. Après les avoir expiées au terme d'un jugement équitable, viendra le temps de la reconstruction. En revanche, si tu te méconduis, tu seras puni·e avec sévérité. Tous tes mouvements sont surveillés. Toutes tes paroles écoutées. Sache enfin que toute plaisanterie est prohibée car nous ne savons que trop ce que cache le prétendu second degré.
>
> Sincérité et fermeté.

Un second texte, tout aussi impersonnel, débute par le titre suivant :

Guide lexical du Bien

Accusé·e, nous t'informons de ce que certains mots ou expressions sont ici interdits d'usage ou fortement déconseillés. Le non-respect de ces prescriptions sémantiques t'exposerait à des sanctions drastiques. Il ne s'agit en aucun cas d'une censure, mais uniquement du respect dû à la vérité objective des faits ou à la sensibilité subjective des personnes.

Signé : le Commissaire régional de la Police du langage et de l'écriture.

Expressions ou mots interdits :

– Racines (sauf en terrain arboricole).
– Tradition (excepté pour les peuples racisés).
– Frontières (même exception que précédemment).
– Immigration illégale.
– Humour (aucune exception tolérée, même pour rire). Il est cependant permis, par dérogation, aux humoristes encartés en préfecture de railler l'extrême droite, les Juifs, les chrétiens et les hétérosexuels mâles blancs de plus de 48 ans.
– Second degré (sauf en matière scolaire ou en cas de brûlures épidermiques graves).

– Antisémitisme islamique (pour des raisons oxymoriques).
– Traite esclavagiste arabo-islamique.
– Terrorisme islamique.
– Tolérance.
– Extrême gauche.
– Génocide vendéen.
– Israélien.
– Racisme antiblanc.
– Racisme noir.
– Racisme arabe.
– Délinquance étrangère.
– Bon sens (expression coutumière des agriculteurs polluants).
– Hétérophobe.
– Xénophile.

Mots conceptuels prohibés pour avoir été forgés par l'extrême droite fasciste :

– Islamo-gauchisme.
– Wokisme.

Puis, étrangement, dans le mitan de la nuit, alors que je réussis à m'endormir dans mon petit lit sans recourir aux neuroleptiques récemment prescrits qu'on n'avait pas cru bon de me permettre d'emporter, une voix sonore résonne dans l'obscurité. Sortant de ma torpeur, j'allume la lampe de chevet blafarde.

Il n'y a personne, sinon la voix impersonnelle d'un interlocuteur invisible qui sort de ce que j'avais pris pour un tuyau d'aération accroché au mur :

« Bonsoir, accusé Gronadel, mâle blanc privilégié et cisgenré. Je suis le procureur Lechat-Gepetto et le Collectif correctif m'a chargé des poursuites contre toi.

– Bonjour, monsieur le procureur. J'ignorais qu'une procédure était instruite à mon encontre. Pourrais-je en connaître le motif, je vous prie ?

– Tu es accusé par le Collectif correctif d'avoir été le porte-parole le plus cynique et insolent du mâle blanc dominant hétéro-sioniste génocidaire d'extrême droite de la décennie. En outre, ton bilan carbone est exécrable. Les dommages causés à ceux et à celles qui ont été directement victimes de tes propos, écrits et agissements sont incalculables.

– Et donc, comment allez-vous les mesurer ? »

Le responsable reste coi.

« Et quelles sont vos pièces pour me confondre ? poursuivis-je d'un air égal qui n'était pas qu'ironique.

– Tu recevras demain matin les documents à charge. Maîtresse Hesse, avocate, a été commise d'office en conformité avec les règles de la nouvelle procédure de Justice équitable.

– Je la récuse, je suis avocat, je n'ai pas besoin d'elle.

– La procédure de Justice équitable ne prévoit pas une telle récusation, répondit machinalement le magistrat dont le raisonnement me parut assez artificieux.

– Je ne la recevrai pas... »

La voix neutre du procureur Lechat-Gepetto s'est déjà évanouie dans la nuit.

Les pièces à charge de l'accusation

Au petit matin, un grand noir massif et musculeux pénètre dans ma cellule, les bras chargés de livres et de documents écrits.

« Bonne journée, accusé Gronadel, je suis maîtresse Traoré, huissière de justice.

– Pardonnez-moi, chère maîtresse, je vous ai prise pour un homme, dis-je avec un courage anachronique.

– Je suis un homme mais la chambre des huissières de Justice équitable a décidé de féminiser son vocabulaire, énonce-t-il avec cérémonie.

– Mais n'est-ce pas un peu inéquitable pour les hommes ?

– Mais pourquoi systématiquement masculiniser le vocabulaire ? Les femmes sont-elles réputées incapables de manier les mots ? me rétorque-t-il avec hauteur.

– Mais certains mots sont féminins : on dit une altercation, par exemple. Les hommes sont-ils pour autant réputés n'avoir pas la notion de violence ?

– De toute manière, je n'ai pas à discuter avec une accusée de graves crimes et manquements importantes à la loi », réplique-t-il au féminin et avec emportement.

Sur ce, il dépose avec fracas sur la petite table : mon *Journal de guerre. C'est l'Occident qu'on assassine*, mes *Réflexions sur la question blanch*e, mon *Nouveau Bréviaire de la haine*, mes *Martyrocrates*, mon *Idée certaine de la France*, mes *Névroses médiatiques*, mon *Manuel de résistance contre le fascisme d'extrême gauche*, mes *Conversations sur les sujets qui fâchent* avec mon regretté Alexandre Adler, mes préfaces des *Vertus du nationalisme*, du *Génocide vendéen* et des *Discours des congrès sionistes*, mon *Vieil homme m'indigne* sur les impostures de Stéphane Hessel, ainsi que divers documents contenant de nombreux enregistrements d'émissions télévisées, de radio et d'articles de presse.

« Signe ici la reçue des documents d'accusation. »

Après quoi, il part en me tournant le dos sans autre forme de procès-verbal.

La visite de l'avocate

La porte de verre s'ouvre, entre sans s'annoncer une femme superbe. Je me dispenserai de décrire plus longuement les personnages de cet ouvrage pour laisser libre cours à l'imagination de mon improbable lecteur. Je me bornerai à préciser qu'elle porte une robe d'été orange sanguine. La badine qu'elle serre dans sa main gauche m'interpelle tout de même un peu. C'est la première femme de robe que je vois en robe depuis longtemps.

« Bonjour, Gronadel, je suis Maîtresse Hesse. »

Le tout servi sévèrement.

« C'est un nom de dominatrice.

– Je ne suis pas là pour faire de l'humour.

– Ça tombe bien, je n'ai ni l'envie ni le droit de faire l'humour avec vous (formulation incritiquable même chez les féministes radicales).

– Je suis ton avocate désignée par le ministère de la Justice équitable.

– Vous voyez bien que vous n'êtes qu'une humoriste de sévices publics. Je vous récuse officiellement et vous signe une décharge.

– Tu n'en as pas le droit.

– C'est un mot dont vous ignorez le sens, c'est un avocat qui vous le dit.

– Tu parles ! Un avocat d'Israël », ricane-t-elle.

Finalement, elle est vaguement accessible au second degré, fût-il consternant. Elle est belle, antipathique et, étrangement, fouette mes sens, en dépit de mon indifférence croissante à la vie et à ses choses.

« Bon, puisque je ne puis vous récuser, je vous garde, mais ne tiendrai aucun compte de conseils dont je vous dispense à l'avance. »

Elle sort sans un regard ni un sourire mais je crois lire dans ses yeux qu'elle pense avoir remporté une grande victoire judiciaire.

Elle est belle, je l'ai déjà signalé je crois, et indubitablement con, comme on disait avant qu'on ait perdu le droit de dire et rire.

La visite de ma curatrice rouge

Presque une heure plus tard entre dans ma cellule une femme au visage rubicond, également toute de rouge vêtue.

« Je suis ta curatrice psychique chargée de ta déconstruction. Je suis en possession de ton dossier moral et politique. »

Ses petits yeux noirs sont dépourvus de toute expression. Comme tous les autres, sa bouche ignore le sourire.

« Que puis-je faire pour vous ? je lui demande, sans urbanité particulière.

– Tu persifles déjà. Tu ne peux rien pour toi ni pour personne. Sache que nous savons tout de toi. Ton prétendu humour au second degré qui n'est que mépris et vanité. Ici, il n'y a pas de vie privée, il n'y a pas de second degré, il n'y a que la transparence. Tu vas devoir en rabattre avec ta nocive virilité. Je te laisse ce livre à méditer. »

Et voilà qu'elle dépose sur la table de chevet un petit ouvrage intitulé *Le Mâle déconstruit pour son bien*.

« Je reviendrai. »

Elle ressort comme elle était entrée.

La visite du directeur

Le lendemain, sans plus de cérémonie, pénètre dans ma cellule de verre un grand échalas myope en blouse blanche flanqué de deux solides gaillardes noires en slips kangourous blancs.

« Bonjour, Gronadel, je suis le directeur du Centre. Tu es ici pour une période indéterminée qui promet d'être longue et astreignante. Je tiens cependant à te faire savoir que je souhaite qu'elle te soit profitable. Nous ignorons la détestation de l'être humain que tu es mais que nous désirons guérir pour le bien commun. »

Je crois déceler, chose exceptionnelle, une manière de sourire.

« J'en accepte volontiers l'augure, cher monsieur. Encore que votre curatrice, redresseuse de vices, ne m'ait pas laissé une telle impression.

– Appelle-moi Monsieur le Directeur, je te prie.

– J'en accepte volontiers l'augure, Monsieur le Directeur, appuyai-je sans trop d'ironie.

– J'ai constaté sur ta fiche que tu es végétarien, tu recevras donc des repas non carnés. Un médecin hospitalier te délivrera les médicaments requis. Cela posé, tu devras te soumettre à une discipline mentale totale. Si tu te conduis correctement, nous serons corrects envers toi. »

Sur ces mots, prononcés fermement mais poliment, il tourne les talons de ses Birkenstock. Le trio diversitaire repart comme il était venu.

2.
Quand je suis poursuivi pour génocide

Les jours passent. Ils ont bien voulu me prêter une sorte de tablette électronique où je peux écrire, ce que je fais présentement dans ce qui sera désormais mon nouveau journal. En conséquence nous sommes le 12 Che. Mes geôliers de progrès m'ont refusé tout livre à l'exception de ceux que j'ai commis moi-même et qui servent de pièces d'accusation et, pour en revenir à cette tablette, je peux, pour tromper l'ennui, regarder des films et des séries qui ont passé le filtre de la mise à l'index pour cause d'immoralité de race et de genre. Netflix, qui avait déjà opéré spontanément en amont une sélection de bon aloi, semble être considéré comme une source potable. Les œuvres rescapées sont pour la plupart impropres à ma consommation personnelle, à l'exception des émissions en noir et blanc de la défunte ORTF pour lesquelles je nourris une nostalgie maladive :

Les Cinq Dernières Minutes du commissaire Bourrel avec Raymond Souplex ou *En votre âme et conscience* qui relate les grands procès du passé et que les moins de 50 ans ne peuvent pas connaître. Mon inconscient imagine sans doute que j'ai retrouvé la salle à manger normande de mes défunts parents.

L'avantage premier de cette tablette consiste en ce que je sais à présent l'heure qu'il est.

13 Che. J'ai demandé à mon référent en chef la permission de faire quelques pas à l'extérieur de ma cellule. Je n'en avais jusqu'à présent aucun désir. J'ignore si c'est bon ou mauvais signe, mais cela m'indiffère.

14 Che. Mon référent en chef innommé (et physiquement assez innommable) vient m'indiquer que ma requête a été refusée par le Comité des requêtes du Centre du Bien, section spéciale.

J'ai le droit de faire appel. Je lui indique donc que je fais appel. Le gros blanc inexpressif ne fait aucun commentaire. J'ignore si c'est la manière adéquate d'interjeter l'appel en bonne et due forme devant le Comité des requêtes du Camp du Bien, section spéciale.

15 Che. À 11 h 09 à ma tablette, la voix monocorde du procureur Lechat-Gepetto sort du tuyau qui descend le long du mur.

« Bonjour, accusé Gronadel, mâle blanc privilégié genré, le tribunal spécial de Justice équitable m'a demandé de te signifier officiellement le premier acte d'accusation, ce à quoi je procède présentement. »

À ce moment précis, et avec une parfaite chronologie chorégraphique, Maîtresse Hesse, sanglée dans une robe d'avocate noire avec jabot et hermine blancs, surgit armée de sa badine dans ma cellule sans autre forme de procès.

« Attendu en conséquence, poursuit cérémonieusement le procureur, économe de tout effet dramatique superflu, que l'homme blanc cisgenre Gronadel, de genre masculin, avocat radié par décision irrévocable du régime éveillé, de nationalité franco-palestinienne, est accusé de complicité de crime de génocide du peuple palestinien. De complicité de crime d'apartheid. Et de négation du peuple palestinien. La principale pièce à conviction qui servira à l'accusation est matérialisée par l'infâme brûlot intitulé *Journal de guerre. C'est l'Occident qu'on assassine*. L'ensemble de cet ouvrage servira de preuve confondante.

« Le procès est fixé au 1er décembre à 9 heures. Il sera retransmis sur la Chaîne pénale. Tu bénéficieras des conseils et de l'assistance gratuite de Maîtresse Hesse.

« Accusé Gronadel, Maîtresse Hesse, avez-vous des observations à formuler ou des objections à faire valoir ?

– Aucune, Mondame, répond la Hesse.

– Je vous indique être un citoyen de nationalité franco-israélienne.

– L'État ne reconnaît plus cette nationalité nocive, et par arrêté a décidé que ses ressortissants en France seront considérés *ipso facto* comme Palestiniens.

– Remarquez, c'est ainsi que l'on désignait les Juifs et non les Arabes dans la Palestine du mandat britannique », fais-je remarquer suavement.

Lechat-Gepetto ne semble pas comprendre mon ironie.

« D'autre part, je me défendrai seul et sans l'aide de quiconque, sans vouloir offenser ma consœur et maîtresse. »

Ici encore, nul ne semble goûter mon humour déplacé.

« Mon client ne peut me récuser et je défendrai ses intérêts malgré lui.

– L'audience d'accusation est terminée. Elle reprendra devant la Cour spécialement composée le 1er Hamas à 9 heures. »

Le tuyau remonte le long du mur.

16 Che : le comité d'appel rejette ma demande de sortie. Je pourrai la réitérer dans six mois à dater de ce jour.

17 Che : une émission sur Transe Inter – seul l'odieux visuel de sévices publics est encore auto-

risé à émettre – annonce ma présence forcée dans le Camp du Bien. J'y suis représenté sans grande aménité comme un ennemi de la liberté, du genre et des peuples victimes. Un humoriste ricanant me chambre en imitant mon zézaiement : « Le nasillant est circonscrit. » Hier encore mon nom était interdit d'antenne.

Juste après, reportage à la gloire du Jihad islamique à Gaza, retiré ce jour de la liste des organisations terroristes par les nouvelles autorités et présenté comme un « mouvement de résistance armée modéré » par une journaliste de *Libération du Monde*. Je sais en mon for très intérieur que l'humoriste ricanant ne s'hasarderait à surnommer leur chef « nazislamiste sans gland ».

18 Che, Transe Inter : le gouvernement de La Transe insoumise décide de conclure avec le gouvernement de la République islamique autonome et démocratique (RIAD) des Bouches-du-Rhône, de Seine-Sain-Déni, du Val-de-Marne et du Val-d'Oise un moratoire de vingt ans qui suspend pendant cette période, éventuellement reconductible, l'application des lois étatiques réprimant le viol, l'homophobie, la transphobie, l'antisémitisme et la polygamie.

L'application de la charia est autorisée à titre subsidiaire. La transition de genre interdite. Le port du voile obligatoire est toléré par esprit de tolérance. Un moratoire de même durée prend acte de la lapidation, tout en la déplorant, mais avec pierres légères, des femmes adultères.

Un éditorialiste syndiqué, haut placé au sein du clergé cathodique, travaillant conjointement pour le quotidien *Libération du Monde*, commente l'information en la considérant comme « l'expression résignée du respect pour les cultures et traditions des peuples victimes ». « Sage résignation », conclut-il sagement.

1er Hamas

Premier jour d'audience. La Cour de Justice équitable est installée dans la cour Rima Rien du camp numéro un.

Il fait très froid, malgré le réchauffement climatique décrété qui oblige les administrations à augmenter de 6 °C la mesure de température ambiante enregistrée sous abri, selon les préconisations du GIEC. Cette nouvelle température officielle est ordonnée pour faire prendre conscience à la population du défi environnemental. Mais + 6 degrés officiels, ça n'est tout de même pas encore très chaud, ce qui oblige les conseillers à la Cour à ne pas renoncer à leurs hermines blanches, malgré les préconisations du gouvernement provisoire permanent.

J'arrive donc en anorak noir, fourré synthétiquement, prêté gracieusement par l'administration éveillée, sous lequel je porte mon survêtement d'hiver arc-en-ciel. Ainsi que des chaussettes blanches un peu trop épaisses pour mes tongs. Mais l'ensemble est tout de même assez élégant.

À ma grande surprise, il y a un public, j'ignore d'où il vient et qui l'a fait venir. À voir les regards dénués d'aménité de cette foule nombreuse et bigarrée, mon instinct de vieux fauve me souffle qu'elle ne va pas m'aider.

La Cour arrive et ses six membres sont pluriels, conformément à la récente obligation légale : deux juges cisgenres : un blanc hétérosexuel, un noir homosexuel ; deux femmes cisgenres : une noire hétérosexuelle, une blanche lesbienne ; un transfemme blanc, une transhomme noire.

Le greffier affable est un métis musulman fluide, manchot gaucher non contrarié, assumant fièrement son obésité.

N'existe plus de président au sein de la Cour de Justice équitable, chaque conseiller·ère étant égal·e à un·e autre.

La voix métallique du procureur Lechat-Gepetto s'échappe du gros tuyau accroché à un grand réverbère, dans cette cour où l'herbe ne repousse plus pour des raisons mystérieuses.

« Bonjour, Mondames de votre Cour de Justice équitable. Bonjour, Maîtresse Hesse, accusé Gronadel, je te fais savoir que je serai assisté du procureur adjoint Eddy Plainiel. »

À ce moment précis, accourt précipitamment en trébuchant puis se rétablissant de manière assez acrobatique un petit homme moustachu aux yeux noirs malicieux. Il me regarde en souriant longuement tout en plissant lesdits yeux. Machinalement, je lui rends son sourire par réflexe de politesse. Compte tenu de la longueur interminable de ce sourire, force m'est alors de conclure, gêné, qu'il s'agit d'un rictus.

Renseignements pris, la science est encore aujourd'hui toujours aussi impuissante à traiter cette pénible infirmité qui rendrait méchant le meilleur des hommes.

J'avais lu quelque part que ce magistrat devenu mahométan autant par conviction que par ambition avait fait carrière dans le sillage de La Transe insoumise. L'homme n'est pas sans ressources : on le dit riche à milliards pour avoir découvert le trésor cathare. Il préside conjointement le Syndicat de la Magistrature équitable et plurielle et celui de la Presse équitable et plurielle. Le SMEP et le SPEP, qui ont fusionné en un SMPEP, épinglent chaque jour sur leur mur électronique les têtes des ennemis inhumains du genre.

Sans vouloir me vanter, j'y figure en bonne place.

« Greffier, ordonne soudain la conseillère cisgenre, mais fluide, homosexuelle noire queer plus véloce que les autres, lisez, je vous prie, le premier des griefs. »

À ce moment précis du récit, dont mon lecteur (ou ma lectrice) voudra bien excuser le caractère décousu compte tenu de la situation particulière dans laquelle je me trouve, je m'aperçois soudain que j'ai omis de préciser que les débats, tels qu'ordonnés, sont effectivement retransmis sur la Chaîne pénale. Ainsi, tous les prisonniers du Camp du Bien sont tenus de les écouter pour des raisons pédagogiques de morale corrective.

Je reprends mon récit : à ce moment précis, le gros greffier (sans désobligeance aucune) se lève (je suis ainsi le seul à devoir rester debout) et annonce avec une manière d'hilarité que l'audience est ouverte. À la suite de quoi le procureur se lance dans son réquisitoire avec un plaisir quasi pornographique.

« Tu es accusé de complicité de génocide. D'un des plus grands de tous les temps, même. Depuis des lustres tu es l'avocat d'Isra-hell (selon l'orthographe désormais imposée). Depuis des lustres tu soutiens aveuglément tous ses méfaits. C'est le sang des enfants de Gaza qui tache de rouge ta robe noire et tes blanches mains. Les preuves de tes abominations abondent. Tu as assisté le colonialisme sioniste d'apartheid et refusé le droit des Palestiniens. Je ne communiquerai aux débats qu'une seule pièce à conviction accablante : ton fameux *Journal de guerre*. Cet infect vomi dans lequel tu te répands sans pudeur, étales tes états d'âme et mens effrontément. Tu calomnies la presse et notamment cet audiovisuel public qui a été l'honneur du journalisme malgré les pressions du capitalisme international ou breton. Et tu justifies l'injustifiable : ainsi, à la page 25 consacrée au mardi 10 octobre tu oses écrire sans ambages : "Israël riposte par des bombardements massifs sur une zone urbaine. Comme les Alliés sur la France occupée. Gaza assiégée."

« Ainsi, dans ton délire raciste, tu oses comparer l'armée colonialiste et nazie de Sion aux libérateurs alliés de la France occupée par le nazisme tout en justifiant le siège de la malheureuse ville martyre de Gaza bientôt en proie à la famine et à l'anéantissement. Par ton action et avec l'influence dont tu jouissais sur une chaîne raciste d'extrême droite et prosioniste depuis heureusement interdite par décision courageuse de La Transe insoumise, tu as pu convaincre certains politiciens français de soutenir le génocide des Palestiniens. Je n'irai pas plus loin. Rien que pour cela, je réclame ta condamnation à la plus sévère des sanctions. Les enfants martyrs te regardent et te jugent. »

La foule nombreuse écoute le procureur adjoint religieusement. Certaines femmes voilées venues de la République autonome voisine pleurent à chaudes larmes. Les hommes, comme certains transfemmes, applaudissent bruyamment. Les drapeaux palestiniens et LGBTQRST+@ flottent au vent. Certains montrent le poing, d'autres miment l'égorgement. De la République autonome, de La Transe et du citoyen procureur, je me moque royalement.

« Maîtresse Hesse, vous avez la parole.

– Non, citoyen juge, me rebellé-je. Je me défendrai seul, comme je l'ai indiqué à mon avocate irrécusable.

– Alors fais vite !

– Je puis ne pas parler si vous voulez. »

Le président soupire sans dire un mot.

« Vous avez cité ce livre que je tiens à la main, citoyen procureur, commencé-je. Il n'a pas eu l'heur de vous plaire. Moi, au soir du 7 octobre, il m'a aidé à tenir et à continuer à vivre alors que mes enfants se trouvaient de l'autre côté de la mer. À ma grande surprise, il a même permis à de nombreux Français, et pas seulement des Juifs, de conserver l'espoir. Quitte à citer le mardi 10 octobre et la page 25. Quitte à oser comparer l'État juif au nazisme, vous auriez pu avoir l'élémentaire honnêteté intellectuelle…

– Je ne te permets pas ! s'écrie le procureur adjoint Plainiel que l'on sait soupe au lait, raison pour laquelle je le titille en avocat madré.

– Vous auriez pu avoir l'élémentaire honnêteté intellectuelle, poursuis-je, avant que d'avoir été interrompu grossièrement, de continuer la lecture de la page précitée. J'y écrivais en effet expressément : "J'entends ici prendre date. Le grand pogrom commis par les islamonazis a trois jours et la vraie riposte d'Israël n'a pas encore commencé. Je ne donne pas encore trois jours pour qu'Israël soit nazifié et les Arabes de Palestine peints en martyrs génocidés. Et le chef de l'armée israélienne ne sera pas Montgomery mais Rommel. Tsahal sera la Reichswehr." »

Je poursuis en lisant mon livre que je sais sur la sellette :

« "L'explication n'est pas que politique ou médiatique. Elle ne repose pas seulement sur l'immensité du nombre et l'énormité de l'argent contre l'unique et le tout petit. Sur la presse d'extrême gauche encore en majesté, qui fait montre d'un esprit critique acéré pour l'un et d'une indulgence ô combien coupable pour l'autre. Sur ces relais pseudo humanitaires, tous acquis à la Palestine, d'Amnesty à MSF en passant par l'OMS et l'UNRWA, ce dernier ayant fourni le 7 octobre son contingent de sicaires. Sur la révérence craintive et obséquieuse pour la mer immense de la rue arabe dans sa sainte colère. Il y a tout cela plus l'antisémitisme classique." »

Et j'ajoute :

« "Il y a pourtant une explication inconsciente et psychiatrique qui les contient, mais aussi les dépasse : les Juifs sont des blancs au carré. Qui se défendent bec et ongles. Avant d'achever le vieux mâle blanc mourant, terrassons le jeune étalon de l'Occident encore vivant." Eh bien, vous voyez, je ne me suis pas trompé...

« Je m'adresse ici et maintenant à ceux qui en France ont le plus instrumentalisé l'antinazisme et le génocide. Sans la moindre vergogne. Je parle à ceux qui ont considéré la décapitation des bébés et le viol des femmes comme des actes de résistance...

– Menteur ! Escroc ! Ce sont les Juifs qui mettent les bébés au four ! s'exclame, très applaudi, un grand blond avec des babouches noires.

– Quant à la comparaison de l'État juif pogromisé avec les armées alliées bombardant l'Allemagne hitlérienne ou la France occupée, je l'assume entièrement. Churchill et Roosevelt n'ont pas été traduits à Nuremberg et pourtant, ils n'y sont pas allés avec le dos de la cuillère pour bombarder Berlin, Dresde ou ma bonne vieille ville de Rouen. Je n'ai aucun état d'âme pour vous dire que seul votre Hamas est responsable d'avoir utilisé des civils pas toujours innocents comme boucliers humains dans des hôpitaux ou des écoles. J'affirme même qu'Israël aura été plus précautionneux que l'US Air Force, moins par humanité que parce qu'on ne pardonne rien à l'État juif. Dans le même moment, la pire des catastrophes humanitaires, la guerre du Soudan, se déroulait avec des centaines de milliers de morts, des millions de réfugiés et une famine mortelle dans l'indifférence la plus générale. Les noirs du Soudan n'avaient pas la chance d'être massacrés par des Juifs blancs. Seulement par des Arabes musulmans.

– Raciste ! Ordure ! Ta grand-mère la pute ! crie dans la foule un homme ceint de l'écharpe tricolore.

– Je vais même aller jusqu'au plus profond de mon être juif. Je me suis construit sur le refus définitif et existentiel de ne plus jamais accepter la condition de Juif mené à l'abattoir sans réaction. Plutôt mille fois tuer que d'être tué si je suis attaqué ! Cela posé fermement, rien ne me navre plus que la mort d'un enfant. Golda Meir disait : "Je pardonnerai peut-être un jour aux Arabes d'avoir tué mes enfants mais je ne leur pardonnerai jamais de m'avoir obligée à tuer les leurs."

– Ouin, ouin, Golda Père la pleureuse ! fait, au fond de la cour, quelqu'un dont Plainiel et un juge semblent apprécier l'humour autorisé.

– Oui, j'ai montré depuis longtemps que votre antisémitisme, l'antisémitisme des Black Lives Matter, était, au-delà du bon vieil antijudaïsme arabo-islamique, un racisme antiblanc au carré. Le Juif n'étant plus regardé par vous comme un vil métèque apatride mais comme un nationaliste occidental sûr de lui et dominateur.

– N'importe quoi ! Ridicule ! Tu touches le fond de la piscine, ricane le procureur en mimant un nageur, s'attirant des rires, des quolibets et des lazzis.

– Puisqu'on est là pour rire, monsieur l'adjoint, vous me faites penser à la grande Helen Plucrose et à deux de ses amis intellectuels qui avaient soumis à une prestigieuse revue de sociologie américaine un texte visant à "examiner de manière critique la blanchité". Celui-ci reçut force éloges.

« Ainsi, un universitaire progressiste admiratif a salué "une contribution puissante à la littérature traitant des mécanismes qui renforcent l'adhésion blanche à des perspectives suprémacistes blanches et au processus par lequel des individus peuvent atteindre des niveaux plus profonds de conscience sociale et raciale". En réalité, il s'agissait d'un canular académique : le papier n'était qu'un extrait de *Mein Kampf* dans lequel le mot 'Juif' avait été remplacé par le mot 'blanc'. C'est vous qui me faites rire… »

Plainiel, furieux, demande et obtient le renfort de la foule qui me traite de tous les noms, parmi lesquels menteur, enculé, youpin, raciste, sale blanc de youtre sont les plus aimables. Je crois même qu'une transhomme chauve me qualifie de sale pédé frisé.

« Cela étant, soyez heureux, vous avez gagné. Votre quantité sans qualité nous a terrassés. La solitude juive ici et là-bas est redevenue métaphysique. »

Mais le procureur moustachu tient à conserver l'initiative :

« Tu es également poursuivi pour avoir commis le délit de soutien à l'apartheid sioniste avec circonstances aggravantes d'extrême droitisation prévu et réprimé par l'article 666 du Nouveau Code de procédure pénale de Justice équitable. Surabondamment, il nous est signalé que tes voyages de luxe inutiles entre la France ex-nationale et la Palestine toujours occupée ont porté à ton débit un bilan carbone épouvantable.

« Nous t'avons notifié hier les 1 287 pièces à conviction composées principalement de l'ensemble de tes écrits et déclarations des vingt dernières années imprescriptibles.

« Qu'as-tu à déclarer ? Tu as vingt minutes, ajoute-t-il, posant ostensiblement sa montre sur son pupitre.

– Je serai bref, rassurez-vous, j'en aurai pour cinq minutes. Tout d'abord, je me suis toujours moqué comme d'une guigne de l'appellation d'"extrême droite" créée uniquement dans le but de disqualifier. Par association d'idées avec le fascisme fantasmatique et l'occupation pour toi fascinante. Je vous considère infiniment plus comme d'extrême gauche (bien que peu vous localisent ainsi dans ce système médiatique d'escroquerie sémantique), que je ne me situe à l'extrême droite. En réalité, être d'extrême droite dans ce système dévoyé dans lequel la gauche s'est attribué le monopole du droit d'appellation, c'est avant tout être extrêmement opposé à votre extrême gauche. Dans ce cas, il n'y a pas plus situé à l'extrême droite que moi et je porte cet extrémisme-là droitement en bandoulière, comme la plus glorieuse des bannières !

« Je veux ajouter, cette fois en tant que Juif, cette donnée fondamentale, qui fonde mon combat contre ton extrême gauche. Je ne suis pas un Juif imaginaire, je me veux Juif du réel.

« Avant le second conflit mondial, j'aurais été engagé, comme mon grand-père et mon père, contre l'extrême droite antisémite. Mais j'affirme qu'en France, depuis 1945, pas une seule goutte de sang juif n'a coulé du fait de l'extrême droite, mais seulement de l'islamisme ou de l'antisémitisme propalestinien alliés à votre extrême gauche. Je ne suis pas le plus mal placé, en tant qu'avocat qui a défendu toutes leurs victimes, pour te le rappeler. De la rue des Rosiers aux vieilles dames Halimi et Knoll dont vous vous êtes suprêmement désintéressé. Un dernier souvenir personnel : je me suis retrouvé rue Copernic quelques minutes après l'attentat contre la synagogue parmi les blessés et les morts. Le lendemain, vous avez réussi à faire descendre tout Paris en accusant une extrême droite fantomatique pronazie. Je n'y ai pas cru un seul instant. Le premier article que j'ai publié de ma vie, c'était dans feu *Le Quotidien de Paris* de mes chers Philippe Tesson et Dominique Jamet.

« J'y réclamais en vain au garde des Sceaux une commission rogatoire pour expertiser la penthrite qui avait servi à dynamiter la synagogue de Vienne pour la comparer à celle de Paris.

« Quarante ans après, nous faisions enfin condamner par la cour d'assises le terroriste libanais, membre du Front populaire de libération de la Palestine (FPLP) qui avait posé la bombe. Voilà qui explique tous les dénis de justice et qui signe votre imposture. »

(Dans la foule : « Salaud de facho ! Mais crève donc, judéonazi ! Faites donc taire cette ordure ! Israheil ! » Les antifas montrent le poing, les délégués de Seine-Sain-Déni miment l'égorgement…)

« En ce qui concerne à présent le délit de sionisme. Je refuse de me justifier devant vous. Pas seulement parce que ce sionisme est le nom du mouvement de libération nationale du peuple juif mais encore et surtout parce que je vous considère ainsi que vos semblables d'extrême gauche comme les principaux responsables du drame qui perdure en Israël et dans les territoires dits contestés ou occupés de Palestine.

« Je connais le peuple arabe de Palestine infiniment mieux que vous. Celui-ci a un excellent dossier, tout aussi excellent que les Juifs et pas moins. Moi qui ai toujours défendu le droit des autochtones français de vouloir rester souverains et de refuser cette immigration massive et invasive qui nous a submergés, je ne pense pas, si j'avais été arabe en Palestine dans les années 1930, que j'aurais été très enthousiaste de voir débarquer une foule de Juifs brandissant la Bible comme titre de propriété et des pogroms en Russie à titre accessoire. Je suis même sûr du contraire, alors que mon peuple arabe et musulman vivait là depuis six cents ans. Et j'avoue que certains Juifs de Cour en France, demeurés aveugles au droit du peuple français à disposer de sa terre mais qui encourageaient leurs frères en Israël à combattre sans état d'âme, me répugnaient : en France, plus besoin de frontières, disaient-ils, mais en Israël vive l'armée ! Vive la police des frontières ! Cet angélisme de plume pour la France en même temps que ce réalisme d'acier pour Israël me faisait horreur. À présent, ils sont morts ou en fuite. »

On entend les mouches et les vautours voler.

« Ayant dit cela avec fermeté, je vais poursuivre avec la même dureté. Et vous donner votre paquet.

« Les droits historiques et les réalisations du peuple juif sur sa terre de Judée entrent frontalement en concurrence avec les droits du peuple arabe. Mais appeler “palestinien” uniquement ce dernier est une escroquerie historique et sémantique. D'ailleurs, comme je l'ai dit, quand les immigrants juifs ont rejoint ceux qui habitaient la contrée depuis des siècles, ce sont eux qu'on appelait palestiniens. Ce sont eux qui, par exemple, ont créé, naturellement, la Banque de Palestine. L'Alliance France-Israël s'appelait avant la création de l'État du même nom France-Palestine, au moment de sa fondation par Maurice Ravel et d'autres sommités en 1927. Une appellation déjà choisie par les Romains pour punir les Juifs de leur révolte en Judée…

– L'Alliance France-Israël ? Il en est même le président d'honneur ! » s'esclaffe Plainiel avec un air dégoûté.

Hou ! Hou !

« Et je n'en suis pas peu fier ! Sans jamais avoir été livré, le combat sémantique a été gagné par les Arabes dans les années 70.

« Ce sont les Juifs qui ont fait fleurir un désert sur une terre ingrate et maltraitée. Relisez donc Chateaubriand qui décrit sans aménité cette région désolée. D'ailleurs, la réalité démographique m'oblige à dire ce que l'on tait toujours, à savoir que de très nombreux musulmans de Palestine sont venus après l'arrivée des sionistes, qui du Liban, qui de Syrie, qui même de Bosnie, attirés par l'agriculture et l'industrie juives.

« Il est vrai qu'une journaliste du *Monde* et de revues antisionistes, Clothilde Mraffko, pour ne pas la nommer, a reproché aux Juifs d'avoir défiguré les paysages de la contrée. Ces salauds avaient asséché les marais pour assassiner le paludisme ! La seule solution était et demeure dans un compromis territorial. Mais leur Grand Mufti de Jérusalem a préféré s'allier avec Adolf Hitler.

– Menteur ! Crève, ordure sioniste ! Judéonazi ! Nique ta mère et sa fille ! »

Les partisans du RIAD sont déchaînés et miment l'égorgement avec toujours plus de crédibilité.

« … Je n'ai aucune espèce d'estime pour ce nationalisme islamo-palestinien, irrédentiste, antisémite et consubstantiellement terroriste, incapable d'envisager que la moindre partie de la Palestine mandataire (en passant, la Transjordanie palestinienne, plus vaste, avait été déjà cédée sans coup férir par les Anglais aux Arabes musulmans) puisse être partagée avec un autre peuple et une autre religion. Il fut un temps où 90 % des Juifs étaient prêts à céder une partie des conquêtes obtenues par la victoire des armes en 1967, en état de légitime défense, contre une paix définitive et quelques rectifications pour rendre leur pays défendable. Rabin, Peres, Barak ont proposé de restituer une très grande partie de ces territoires : refus de la partie arabe qui considère que l'ensemble de la Palestine historique est non seulement arabe mais encore musulmane. Comme depuis toujours, créer un énième État arabe l'intéresse moins que la destruction militaire, et, si ce n'est pas possible, politique, du seul État du peuple juif.

« De toute manière, hélas, nous ne sommes plus dans cette situation, en raison des implantations. J'aurais préféré qu'elles n'existent pas et que les Israéliens conservent le temps qu'il faudrait leur glacis territorial stratégique existentiel, occupé majoritairement par des Arabes. Hélas, si le peuple israélien a fait montre d'une résilience militaire merveilleuse (qui a transfiguré l'image et l'être juifs et m'a rendu son débiteur), d'une créativité agricole, industrielle et scientifique admirable, son personnel politique, sélectionné par un système électoral stupide, ne brille ni par l'intelligence ni par la probité. Les droits sont partagés. Les torts sont partagés.

« Cela dit, il y a peut-être plus dangereux encore pour Israël que le Hamas, le Hezbollah, l'Iran des mollahs ou la détestation universelle. Il y a la nouvelle guerre des Juifs. Leur État n'est pas imperméable aux fols désordres du village-monde. Il y a le choc entre le gay Tel-Aviv woke des post-modernes et la Jérusalem austère des religieux du passé éternel. Les deux camps qui se détestent réciproquement se méprisant désormais superbement. Et l'hostilité de leurs adversaires mortels, le meilleur remède connu pour conserver un peuple vivant, ne semble même plus suffisante. En bon disciple de Renan, qui sait qu'un peuple est un plébiscite de tous les jours, qui s'appuie sur le passé comme sur le présent, je ne parierai pas plus sur l'avenir que je ne misais hier sur notre pauvre France, aujourd'hui postnationale.

« Ayant dit cela, monsieur le procureur Plainiel, je vous annonce à présent pourquoi je ne vous dirai plus rien et pourquoi, antisionistes occidentaux gâtés, je vous tiens personnellement pour responsables des malheurs juif et arabe. Vous avez jeté de l'huile idéologique frelatée sur le feu du conflit passionnel. Vous avez été plus palestiniens que les Arabes de Palestine. Vous avez encouragé leur terrorisme. Vous avez encouragé leur irrédentisme. Dieu seul sait ce que vous y avez gagné. Sans vous, je veux croire qu'un compromis territorial aurait été obtenu en dépit des fanatismes religieux bien partagés des deux côtés, même si l'un est infiniment plus sanglant que l'autre. Vous ne l'avez certainement pas fait par amour des Arabes. Vous l'avez fait par détestation du Juif Nouveau que vous haïssez autant que vous vénériez le Juif en pyjama rayé, celui qui se fait massacrer sans se défendre. Le Juif faible et apatride, vous l'adorez avec sa gueule de métèque et de Juif errant. Le Juif Nouveau, pour vous, n'est pas qu'un blanc haïssable, c'est un blanc au carré encore plus détestable. Et vous haïssez son État-nation occidental qui a montré encore récemment aux Juifs français, qui fuient cet antisémitisme oriental que vous acceptez volontiers, que la notion de refuge n'est pas dépassée.

« Vous êtes obsédés par lui en Judée et ne voyez que ses défauts de Juda, résolument aveugles à ceux de son adversaire forcément crucifié.

« Vous jouissez de ces condamnations de l'ONU, incomparablement plus nombreuses que celles prononcées à l'encontre des États les plus cruels et qui tiennent du plaisir rituel.

« Vous vous gargarisez de l'expression “territoires occupés”, mais voilà une formule que vous vous gardez bien d'utiliser alors que les Turcs occupent le nord de Chypre, ici même en Europe, depuis plus longtemps encore. Et alors que les Grecs ne menacent pas la Turquie d'anéantissement…

« Selon une étude de la Ruderman Foundation publiée en juillet 2023, Israël est le pays le plus attaqué au monde sur les réseaux sociaux, trente-huit fois plus que la Russie et cinquante-cinq fois plus que l'Iran, pays évidemment autrement plus pacifiques et démocratiques.

« Calculez, par nombre d'habitants, combien le Juif Nouveau, grâce à votre action, et celles de vos journaux obsédés, du *Monde* à *Libé*, ou d'ONG dégénérées d'Amnesty à la LDH, est aujourd'hui détesté.

« Quant à qualifier Israël d'"État apartheid", ce n'est même plus un slogan, c'est un crachat.

« Ce mensonge est l'équivalent putride au début du XXIe siècle de ce que fut la résolution onusienne assimilant le sionisme au racisme, à la fin du XXe siècle et qui fut abrogée. Il s'agit encore d'une incantation rituelle antijuive jouissive. Celle qui l'aura promue s'appelle Calamard et elle a tout de la pieuvre. Elle dirige aujourd'hui Amnesty International qui n'a plus rien à voir avec l'association dont le noble but était d'obtenir la libération des détenus politiques. Agnès Calamard s'était auparavant déconsidérée notamment en accusant Israël d'avoir empoisonné Arafat, ce que même sa veuve Souha considéra comme ridicule. Mais le mythe de l'empoisonnement juif a la peau dure… Amnesty avait également refusé de prendre la défense du pauvre Alexis Navalny, compte tenu de ses positions intransigeantes envers l'islamisme.

« Enfin la même militante aura milité jusqu'au bout en faveur de Hassan Diab, membre du FPLP, qui posa, comme je vous l'ai dit, la bombe devant la synagogue de la rue Copernic. Je retire mon jeu de mots facile sur la pieuvre dont je me garde par ailleurs de manger la substance, ne serait-ce que par respect pour son intelligence.

« Sur le fond, l'accusation d'apartheid est non seulement immonde, mais elle est ridicule.

« Je me rends très souvent dans la ville judéo-arabe de Jaffa. J'y fréquente autant d'Arabes pharmaciens que de Juifs médecins. Au risque de passer pour antisémite, il m'arrive de mieux m'entendre avec les apothicaires qu'avec les toubibs.

« Pire encore, l'accusation de génocide, appliquée sadiquement au peuple de la Shoah, victime d'un pogrom géant le 7 octobre, équivaut très exactement en notre époque postchrétienne au crime de déicide qui crucifia le peuple de Jésus du temps de l'Église romaine en majesté.

« Vous traitez l'État juif comme le Juif des États. Le Juif errant est arrivé et le nouveau Pilate se trouve en face de moi. Je ne me justifierai pas devant lui et conchie par avance son jugement. »

Et c'est ainsi que j'en pris pour cinq ans sous les vociférations et les applaudissements.

3.
Comité de cancellation

Le retour de ma curatrice rouge

Elle est évidemment entrée sans crier gare tandis que j'achevais de pisser. Tant pis pour elle, je lui inflige le spectacle de ma virilité sans avoir la nécessité de m'en excuser. Cela fait longtemps que je me suis résigné à l'absence de toute intimité. Dussé-je vous choquer, on finit par s'y habituer.

Ses petits yeux qui me semblent avoir encore rapetissé font semblant de n'avoir rien regardé.

« Dans le cadre de tes opérations de déconstruction, je t'impose à titre d'exercice de te faire le procureur de la maison Disney dans le contexte d'un devoir que tu devras rédiger en écriture inclusive. Je viendrai ramasser ta copie ce soir. Tu trouveras le dossier d'accusation dans ce livre. As-tu lu ton *Manuel de déconstruction* ?

– Oui, ma curatrice.

– Qu'en as-tu retiré ?

– Une profonde lassitude qui m'a, semble-t-il, déjà légèrement déconstruit.

– Je reviens donc ce soir. Si je ne suis pas satisfaite du fond et de la forme de ton devoir, tu seras privé de dîner. »

Comme je n'avais rien de spécial à faire et que j'avais déjà une petite faim, je me suis mis à l'ouvrage avec appétit.

« Je suis un·e correcteur·trice de sensibilité en voie de déconstruction. Dans ce cadre constructif, j'entends déconstruire la maison Disney et préconiser son interdiction sur le territoire français.

« En effet, tous les efforts mercantiles de cette entreprise capitaliste fondée sur le racisme ne sauraient tromper la vigilance de notre Transe insoumise qui jamais ne transige.

« Pour tenter vainement de nous mystifier, Disney a procédé à des avertissements avant la diffusion de certaines œuvres du peu regretté Walter Disney, grand raciste machiste blanc et patron de l'entreprise qui porte son funeste patronyme. Il en est ainsi du film *Dumbo*, avec Jim Crow, son corbeau de triste mémoire.

« Comme de *La Mélodie du Sud* qui se déroule dans les champs de coton après la guerre de Sécession.

« Qui a oublié la sournoiserie archétypique des chat·te·s siamois·e·s de *La Belle et le Clochard* ?

« Nos ami·e·s asiatiques certainement pas. Il eut été si simple de prendre des chat·te·s européen·ene·s pour les affubler d'un caractère hypocrite.

« Comment passer sous silence les Indien·ne·s de *Peter Pan* qu'on a osé représenter avec la peau rouge ?

« Pour tenter vainement de se faire pardonner, Disney s'est donc contenté de faire apparaître à l'écran cet avertissement lénifiant : “Ce programme comprend des représentations datées et/ou un traitement négatif des personnes ou des cultures... Plutôt que de supprimer ce contenu, nous tenons à reconnaître son influence néfaste afin de ne pas répéter les mêmes erreurs...”

« Mais puisque les studios Disney avouent sans grand repentir propager une influence néfaste, comment ne s'être pas résolu à interdire ces spectacles dégradants pour nos enfants ?

« Concernant précisément nos ami·e·s asiatiques, Disney a su sagement se résoudre à supprimer un épisode des Simpson qui fait référence à de prétendus “camps de travail forcé” en Chine.

« Et ce qui est valable et louable pour nos camarades communistes chinois ne le serait pas pour nous ?

« Mais il n'y a pas que le racisme insupportable, il y a aussi le sexisme inadmissible : Daisy cancane et fait la coquette. Minnie est trop sexy et incarne comme par hasard “une souris”, reproduisant ainsi les odieux stéréotypes de genre… C'est d'ailleurs la raison pour laquelle, pour le trentenaire du parc Disneyland à Paris, Minnie s'est vu relooker par la styliste Stella McCartney. On s'est enfin décidé à lui retirer son indécente robe rouge à pois blancs pour lui faire porter un tailleur-pantalon de meilleur aloi et plus conforme aux bonnes mœurs. Lors de la conférence de presse de réouverture de Disneyland en février 2022, la styliste a bien voulu expliquer qu'elle voulait libérer Minnie des stéréotypes vestimentaires féminins et de leurs carcans. Dont acte sur ce point. Les femmes portent enfin la culotte. Mais on est loin du compte…

« L'un des plus odieux crimes sexuels commis par la firme aura été ce viol symbolique perpétré au plein milieu d'un bois sur une jeune fille innocente et sans défense, baisée dans son sommeil – donc non consentante – par un homme noble et blanc, se sachant tous les droits, certain de son impunité.

« Idem pour ce baiser volé par un aristocrate, charmant puisque blanc, sur une innocente vierge sans défense, entourée de plusieurs personnes handicapées de petite taille traitées avec paternalisme pour leur nanisme mais reléguées dans une cabane insalubre. Chacune affublée d'un défaut caricatural : de la timidité à la somnolence maladive en passant par l'irascibilité pathologique, du retard mental à la béatitude béate en passant par la rhinite chronique. Sans parler de cette obsession chromatique pour la neige, forcément blanche.

« Le fils du réalisateur de ce *Blanche-Neige*, un certain David Hand, a eu la malséance de critiquer le remake imparfait de l'œuvre insane qui, pour tenter vainement de se faire pardonner, a remplacé les sept petites personnes insultées par des créatures magiques. La jeune héroïne, féministe, ne sera pas cette fois sauvée par le prince et ne rêvera pas du grand amour.

« Mais trop tard, le mal est fait.

« Pour tromper encore son monde, et noyer la Petite Sirène, Disney a décidé que la moitié des personnages seraient désormais issus de la communauté LGBT et des minorités ethniques – les handicapé·e·s et les obèses repasseront. L'acteur Tom Hiddeston s'est déclaré légitimement fier que son personnage, le dieu Loki, puisse avoir une identité de genre "fluide".

« Mais vous ne serez pas dupe de cette ruse de l'adversaire. Nous ne sommes pas des Mickey !

« Quant à Donald, ce prénom est désormais maudit pour les siècle des siècles.

« J'ai l'honneur de vous demander de canceller Disney.

« Avec toute mon obséquiosité empressée. »

« Signé accusé Gronadel, mâle blanc nettement moins privilégié, en phase de déconstruction avérée. »

Maldonne

Deux éléments ont profondément modifié la donne. Peut-être sont-ils liés.

Le premier, c'est que l'absence de musique me manque désormais cruellement.

Je vous parle de MA musique. Celle dont je ne puis me passer quand j'écris ou me livre à cette méditation journalière qui me rend plus serein, et littéralement, me transcende.

J'ai demandé à en bénéficier en faisant valoir cette interdiction inexpliquée qui me boucle dans ma cellule. À ma grande surprise, mon geôlier principal, un hétérosexuel blanc pas si ordinaire pour un fonctionnaire du nouveau système pénitentiaire qui ne dit pas son nom, ne m'a pas dit non.

Il m'a demandé une liste de quatre noms. J'ai écrit dans l'ordre de mes dilections : Jean-Sébastien Bach, Michel Legrand, Frank Sinatra et Barbara.

Quatre jours plus tard, il m'était signifié que Bach, Sinatra et Legrand étaient provisoirement mis à l'index.

Le système de suspicion artistique des éveillés marche au signalement – ou à la délation, c'est comme on voudra : des historiens, des universitaires décrètent en meute que tel musicien, tel peintre est coupable de tel crime raciste ou sexiste. Cela suffit pour que son œuvre soit jetée du moins provisoirement aux orties.

Bach est ainsi soupçonné d'avoir eu une conduite inappropriée avec une domestique, selon un professeur de l'université de Dresde. Son fils Jean-Chrétien ne serait pas davantage en odeur de sainteté.

S'agissant de Legrand, la suspicion vient d'une chanson qu'il a commise pour *Les Parapluies de Cherbourg*. Pour moi, c'est peut-être la plus belle chanson du monde : « Je ne pourrai pas vivre sans toi. » Catherine Deneuve chante son amour à Nino Castelnuovo. Des détracteurs attitrés traquant le sexisme y voient une soumission sacrificielle de la femme à l'homme. Circonstance aggravante : elle se soumet à un soldat tortionnaire colonialiste en Algérie.

Quant à Sinatra, ses plaisanteries grivoises sur les noirs adressés à son second Sammy Davis junior, membre de son fameux Rat pack, ont été revisitées dernièrement et sévèrement à la lumière incandescente de la théorie de la race par des éminences de celle-ci aux références incontestables et ont été considérées, dans le meilleur des cas, comme constitutives d'un paternalisme condescendant et, dans le pire, d'un racisme sournois.

C'est donc sous l'empire de cette suspicion documentée qu'un Comité culturel de l'éveil a été chargé d'étudier notamment le cas de mes choix 1 et 3. En attendant, les œuvres taxées d'éventuelle impiété par les autorités ecclésiastiques de la nouvelle religion éveillée sont remisées.

Or sans Bach, pour moi, point de salut.

Je dois en effet vous confier à ce stade initial de ma déconstruction ordonnée que ce détachement que j'avais pris au départ pour du courage résigné pour cause d'âge avancé dissimulait à mon insu une part de forfanterie. Cinq mois plus tard, ma nervosité, le terrible ennui, la solitude non choisie, la sourde hostilité des uns, la haine assourdissante des autres, la sottise béate ambiante, l'ignorance béante de ma suite et de ma fin, l'inconfort spartiate, font que, désormais, non seulement je ne suis plus indifférent, mais j'ai peur. Ou, plus tristement, je crains ma peur.

Et c'est là que me manque cruellement Bach, c'est le chrétien Bach qui rapproche de Lui le Juif angoissé que je suis. C'est la suite pour violoncelle qui me fait entrevoir le ciel.

Mais retour sur ces mises à l'index majeures. Elles avaient évidemment précédé la prise du pouvoir par la violence de La Transe insoumise, ses brigades antifascistes et leur puissant allié de circonstance, le Front islamique de la Sainte Piété du 13-93-94-95, nombres désormais bénis.

Les exemples d'excommunication artistique que je vais vous livrer sont destinés à vous montrer cette folie et cette méchanceté qui me dépriment et m'ont conduit ici.

J'oublie la bêtise. Sincèrement, je ne sais par où commencer.

Peut-être par la triste histoire de Rex Whistler. Une histoire à pleurer. Whistler, Rex de son prénom, était un jeune peintre anglais issu d'une famille modeste. Moins connu certes que son homonyme américain, mais d'excellente réputation. En 1926, la Tate Gallery de Londres lui confia l'immense tâche de peindre une gigantesque fresque dans l'un de ces pavillons qui devint plus tard un restaurant réputé. Rex s'y mit avec ardeur durant un an et demi pour une somme assez dérisoire.

« Un tarif de plombier », dira même G. B. Shaw. À la suite d'une tempête de neige survenue peu de temps après la réalisation de l'œuvre qui la détruisit en partie, le peintre dut se remettre à la tâche.

L'artiste fit merveille. La fresque représentait des scènes fantasques, ou bien encore macabres.

Elle regorgeait d'éléments qui signaient son style. D'immenses colonnes en trompe-l'œil autour des fenêtres et des portes, des lacs, des océans, des sirènes, des temples et une campagne luxuriante couraient sur les murs. Des hommes festoyaient, des animaux chassaient. D'un côté une cité idyllique, de l'autre une licorne se dissimulait derrière un groupe de personnages sylvestres. Le *Times* et les autres gazettes s'enthousiasmèrent. Un grand peintre était né, qui fit carrière pendant une vingtaine d'années.

Et bien plus tard, en décembre 2020, alors que jusqu'à présent l'œuvre n'avait jamais fait l'objet de la moindre critique morale, un obscur compte Instagram dénommé White Pube accusa la fresque d'un racisme insupportable et les habitués du restaurant du musée de complicité.

Les objets du délit : des petits personnages chinois qui seraient représentés de manière stéréotypée, ainsi qu'un enfant qui pourrait être un esclave. J'insiste sur le fait que cette fresque géante qui court sur tous les murs contient des centaines de figures semblables... Le rédacteur principal de la critique se nomme Zarina Mohamad. Il est épaulé par Gabrielle de la Puente. Je dois également vous indiquer qu'en juin 2020 ce fameux White Pube qui n'a rien de fameux ne se contente pas, tant s'en faut, de critique artistique antiraciste : parmi ces messages à vocation esthétique, l'on trouve en juin 2020 : « Nique la police, nique l'État, nique la Tate. » De là à niquer une collection d'art et la mémoire d'un artiste, il n'y avait qu'un pas qui fut allègrement franchi puisque le musée s'aperçut soudain que certaines scènes étaient « en effet inacceptables ». La curée posthume était lancée de manière virale et névrotique. Comme une traînée de poudre électronique, la plupart des médias anglais spécialisés se joignirent à la meute pour aboyer. Ainsi, l'on regretta soudain que pendant des années les touristes avaient « bu du thé dans des tasses de porcelaine de Chine » à côté d'une « fresque monumentale qui décrit l'esclavage des enfants ». Rien de moins. Une pétition outragée en ligne fut lancée : « Retirons la fresque raciste et dommageable de Rex Whistler à la Tate ! »

Plus sévèrement encore : « Le Tate Britain, en autorisant que cette peinture ouvertement raciste reste en place pour distraire les dîneurs, adopte une position qui n'est pas acceptable. Des changements doivent être accomplis, soit en retirant la peinture du restaurant, soit en fermant le restaurant. »

Désormais, la pièce est fermée.

Au-delà de la lâcheté illimitée, la bêtise infinie. À supposer même, par simple hypothèse, que le peintre désormais maudit ait effectivement représenté un enfant esclave, en quoi est-ce répréhensible moralement ? Il est désormais interdit à l'artiste de figurer le mal ? Dante doit-il rôtir dans les flammes infernales ? Simenon être mis à l'index pour avoir décrit des scènes de crimes ?

Délation et Inquisition sont de retour.

Et au-delà de la lâcheté, de la bêtise et des bassesses de la censure et de ceux qui s'y plient : la tristesse.

Je dois en effet vous dire que Whistler, en pleine gloire, s'est engagé volontairement, en 1943, à 39 ans, pour aller combattre les Allemands. Un an plus tard, son char d'assaut attaqua l'ennemi dans ce qui fut la plus grande bataille de blindés britanniques de la guerre. Sautant d'un tank à l'autre, il fut fauché par le feu ennemi.

Ainsi, après qu'il eut été tué par les nazis, ce furent des petites frappes, sans le centième de son courage, cachées derrière leur clavier, qui lui portèrent le coup de disgrâce.

Je ne sais pas si tu leur pardonnes, Rex. Moi pas.

Après la tristesse, rions un brin. Ces dernières années la culture de l'annulation a sombré dans le ridicule. Ainsi, Shakespeare, Oscar Wilde, Orwell (of course) parmi cent autres ont eu affaire avec la cancel culture. Mais laissez-moi vous narrer la fantastique aventure posthume survenue à Ted Hughes, grand poète anglais né en 1930 et mort en 1998. Le pauvre ne pouvait imaginer que vingt ans après son trépas, la British Library, qui a juré de régler leur compte à tous les suppôts de l'esclavagisme et du colonialisme, s'occuperait du sien, jusqu'à présent créditeur.

Il faut dire que l'un de ses collègues versificateurs, Samuel Taylor Coleridge, quoique antiesclavagiste distingué, s'était vu lui aussi inscrit sur la liste noire (encore que l'expression puisse me valoir quelques remontrances de là où je parle) puisqu'il avait été établi que l'un de ses neveux vivant à la Barbade avait travaillé avec des plantations où résidaient des esclaves.

Je connaissais la responsabilité filiale, j'ignorais qu'existait aujourd'hui la responsabilité népotique de l'oncle pour le fils de son frère.

Bref dans ce cadre étrange, la bibliothèque britannique décida d'inclure notre Ted Hughes dans la colonne infernale. En effet, certains enquêteurs mandatés par elle assuraient avoir découvert qu'un de ses lointains ancêtres, un certain Nicolas Ferrar, aurait été largement impliqué dans la Compagnie londonienne de Virginie et, par conséquent, dans les colonies en Amérique du Nord.

À l'évidence, cela ne signifiait en rien la moindre complicité du poète avec ce Ferrar, puisque ce dernier était né en 1592 et nos fins limiers étaient bien en peine de pouvoir reprocher à Hugues le moindre lien direct avec lui. Qu'à cela ne tienne, nos enquêteurs soutenaient que le poète devait être inclus dans la liste de la honte des « connectés à l'esclavage » ou à quelqu'un qui « avait profité de l'esclavage et du colonialisme ». Face à eux, les chercheurs de la bibliothèque ne menèrent aucune enquête afin d'établir que Hughes aurait pu tirer quelque intérêt… Ted était le fils d'un modeste marchand de cigarettes et avait réussi, non sans mérite, à aller à Cambridge grâce à l'octroi d'une bourse uniquement. Ensuite de quoi ce ne fut que par son seul mérite qu'il avait fait une carrière lyrique.

Mais c'est là qu'après l'ignominie d'avoir sali la réputation d'un très grand poète au grand dam de sa famille survint le gag. Ou plutôt le double gag.

D'une part, une équipe de contre-enquêteurs montra que le fameux Ferrar, loin d'être un esclavagiste, est en réalité l'auteur d'un mémoire qui avait attaqué la traite humaine avant même que le commerce triangulaire ne commençât en Grande-Bretagne.

D'autre part, plus ahurissant encore – et plus désopilant –, il fut prouvé que Nicolas Ferrar est mort sans descendance, tant et si bien que Hugues ne pouvait en aucun cas être son descendant direct !

Par la suite, passablement irritée, la famille du poète injustement maudit exigea des excuses de la Library un peu contrite, et les obtint. Difficile de montrer à quel point l'anticolonialisme woke est stupide et méchant et qu'il eût fallu ne lui en rendre aucun. Trop tard. Bach à l'index, je mets les pouces.

La Photo

Faute de musique, je m'essaie à la littérature. Pas celle des autres, que je n'arrive pas à lire, mais la mienne. En vérité, je réessaie. J'avais commis, moi l'essayiste, une manière de roman. Ou plutôt une œuvre de réalité romancée. Celle-ci ne m'ayant donné qu'une médiocre satisfaction, je l'ai remisée dans un grenier. Je décide donc, armé de ma tablette, et parallèlement à l'écriture quotidienne et clandestine de ce journal de captivité, de me remettre à l'œuvre pour tromper mon désœuvrement. L'ouvrage s'intitule *La Photo*. Il s'est imposé à moi naturellement. Une inconnue qui devait bien m'aimer m'avait envoyé sur la toile une photographie en noir et blanc. Elle représentait la génération précédente de ma branche familiale paternelle, mon père compris, posant en rang d'oignons du plus petit au plus grand. Mon géniteur, âgé selon moi de 14 ans, figurait parmi les premiers. Je ne sais pourquoi au juste, mais cette photo sépia m'avait touché. Sans doute en raison de la touchante époque ! Je situais la scène champêtre dans les années 1930 dans les Vosges ou le Jura. Je me trompais, c'était autour de 1937 mais à Vire, en Normandie. J'en avais désormais la certitude, car recherche accomplie, la photographie émanait du Mémorial de

Caen. L'Occupation venue, je pense dans le courant de l'année 1942, ma tante Régine alias Rifka, sœur de mon père, avait demandé la permission à Simone – une demi-sœur que je détesterais et qui me le rendrait bien – de quitter Vire pour la rejoindre en zone libre à Pau. Simone s'y était refusée en prétextant que le type juif prononcé de Régine ne pouvait que nuire à tout le monde. Régine a été déportée à Auschwitz, mais son fils Jacques sauvé par Madeleine, une vendeuse gentille dans toutes les acceptions du mot, qui a bravé bien des dangers pour accompagner l'enfant en zone libre. Madeleine aurait reçu à 101 ans la médaille des Justes si elle n'était morte deux jours avant. C'est la vie de tous ces gens sur la photo, ceux que j'aime et les autres, que j'avais racontée dans mon roman insatisfaisant, à la réalité à peine retouchée. Cette nouvelle escapade dans le passé recomposé pourrait peut-être me faire oublier les douleurs du présent. Le livre serait dédié à Madeleine, que j'aurais tant aimé connaître.

6 Marx, Transe Inter[1] : interview de Violaine de Filipilis, d'Osez le féminisme ! et digne successeuse de Caroline de Haas, dont on se souvient qu'elle

1. À mon lecteur de peu de foi j'indique que ces informations et celles qui suivront ne sont pas issues de mon imagination.

a affirmé que deux hommes sur trois étaient des violeurs en puissance. La Violaine incrimine la culture judéo-chrétienne dans les féminicides.

Les musulmans orientaux sont donc blancs comme neige. Il fallait effectivement oser ce féminisme.

14 Chavez, pétition d'une coopérative allemande féministe contre la forme phallique des fusées d'Elon Musk.

1er Mao (fête de la paresse), on a trouvé 6 millions de dollars en liquide chez l'un des responsables principaux des Black Lives Matter. Mazel Tov ! Mabrouk !

2 Mao, Charline Van Goy vient d'être nommée à la direction humoristique de Transe Inter. Elle doit sa promotion à son dernier gag irrésistible d'iconoclastie rebelle : peindre des moustaches sur la photographie d'Anne Frank rebaptisée drôlement Hommage transi à Adolphine Frank.

Elle expose à l'antenne la Charte de l'humour libre, agréée par les autorités, depuis qu'Hélène Haedel, la ministre de la Culture équitable du gouvernement de La Transe insoumise, considère que « le second degré était toujours la marque de l'hypocrisie. Il est des choses et des gens avec lesquels on ne plaisante pas ».

Charline Van Goy considère que toute plaisanterie à l'égard des peuples victimes est de mauvais goût. Il en est de même de la moquerie visant les femmes et les homosexuels.

Pour détendre l'atmosphère, et avec cet humour et cette gouaille qu'on lui connaît, Charline ajoute : « De toute manière, à Transe Inter, nous étions précurseurs : on invitait Jésus-Christ à aller se faire enculer, ainsi que Charlotte Dort-Maislasse, Nardine Mouk-Ranot ou Marine La Pine. Mais pas question de caricaturer ceux que vous savez. Ah là, c'est que je tiens à mon petit trou du cou ! Ah ! Ah ! Ah ! » (Ricanements de ses petits camarades dans le studio capitonné.)

3 Mao, Transe Inter, 8 heures : « Charlize Theron a adopté un garçon qu'elle déclare élever comme une fille car, à 3 ans, iel lui a déclaré qu'iel se sentait ainsi. La mère et l'enfante se portent bien. »

25 Mao, lu sur le site Pink News : « Les trans-femmes sont des femmes. Donc les pénis des trans-sexuels sont des pénis de femmes. » Pas con.

26 Mao, Transe Inter, faire-part : « Les parents de Lucie ont le plaisir d'apprendre que leur fille de 15 ans s'appelle Jean. »

7 Genet, Transe Inter : la mairie de Lyon propose de créer des pistes cyclables non genrées.

15 Genet, Transe Inter, sujet de concours pour enseignants : En classe, vous remarquez que les garçons jouent aux voitures et les filles à la dînette. Comment résoudre ce problème ?

19 Genet, selon le *Daily Mail*, un professeur britannique enseignant dans le comté de l'East Sussex punit une élève pour avoir discuté de la volonté d'un camarade de classe de s'identifier à un chat.

La psychologue vétérinaire invitée par Transe Inter midi approuve la sanction. Elle montre de l'empathie pour la souffrance du chat.

20 Genet, Transe Inter : en Allemagne, une colonie de vacances réservée strictement aux noirs est critiquée par l'opinion. Transe Inter critique l'opinion allemande d'extrême droite « qui rappelle une époque que l'on aurait aimé croire révolue ».

22 Genet, Transe Inter, 10 heures : l'UNEF de Bordeaux exige des toilettes neutres pour protéger les genres rejetés.

19 Lénine, Transe Inter : le gouvernement de La Transe insoumise proteste officiellement contre la fermeture de deux piscines par les autorités berlinoises. Les autorités ont mis en cause la responsabilité de jeunes Turcs et Arabes dans l'agression de femmes, d'homosexuels et de trans.

L'ancienne ministre de la Famille d'Angela Merkel, Kristina Schröder, est allée plus loin dans le quotidien *Die Welt* : « Ne devrions-nous pas appeler un chat un chat ? Ce sont principalement des adolescents et des jeunes hommes d'origine musulmane qui créent des problèmes dans nos piscines. »

Un maître nageur met en cause la responsabilité de « machos ayant immigré ».

24 Lénine, Transe Inter : scène émouvante. Des soutiens de la Palestine libérée de la mère jusqu'au père, devenus pyromanes par souffrance, mettent le feu à la synagogue de La Petite-Motte. Leurs amis pompiers en keffieh prennent tous les risques pour éteindre l'incendie. Le lieu sauvé par miracle sera donc transformé en mosquée.

25 Lénine, Transe Culture : l'écrivaine Tiphaine féminise la langue : « Nous femmes qui nous touchons la clitorisse. »

Je me surprends à me caresser machinalement le verge.

26 Lénine, communiqué de l'association LBGT Stonewall : Un enfant peut savoir qu'il est trans dès 2 ans.

27 Lénine, Transe 24 : des journalistes arabophones échangent des propos antisémites à la gloire de Hitler. Les trois salariés écopent d'un très cruel rappel à l'ordre. Ils se disent dévastés. On les croit bien volontiers.

28 Lénine, Transe Inter vient de se voir décerner le Prix de l'éthique journalistique par l'intersyndicale du journalisme postnational. Elle confirme que depuis des années, en matière de criminalité, et par accord syndical tacite, seuls les prénoms à consonance française sont rendus publics « pour ne pas

favoriser le racisme et la xénophobie ». L'Autorité d'occultation du ministère de l'Information officialise désormais ce principe de précaution.

La Nuit de…

Dans mon désœuvrement me revient à l'esprit cette pique du procureur adjoint, que j'ai omis de vous rapporter dans mon compte rendu de plaidoirie *pro domo*, concernant la question juive et israélienne. Eddy Plainiel m'avait fait reproche, sous les vivats, d'avoir souvent dans ma carrière d'avocat « défendu des escrocs sionistes ». « Quand je vous dis que vous avez un mauvais bilan carbone… », m'avait-il décoché avec un sourire narquois. Pour lui répondre, j'avais ressorti ce passage savoureux de la série *The Night of*, l'histoire d'un gentil petit Pakistanais habitant New York et dont le père est chauffeur de taxi. Un samedi soir, tandis que son géniteur dort, il emprunte ledit taxi pour aller rejoindre des amis.

Sur la route, il croise une jolie fille accorte à la recherche d'un taxi. Il la prend en charge et comme il est joli garçon et ne manque pas de bagout, il ramène la belle à son domicile et l'invite avec succès à la bagatelle. Le lendemain, à son réveil, il la découvre égorgée à côté de lui. Cette série est l'histoire de son parcours judiciaire. Il bénéficie de l'aide d'un avocat créatif, mais peu décoratif, campé par John Turturo qui souffre d'un eczéma purulent des pieds qu'il est contraint d'exhiber à l'air libre dans des sandales. Mais l'histoire que je veux vous narrer ne concerne pas directement le héros de la série.

La scène se passe dans le tribunal du Bronx où celui-ci attend son tour. Un premier prévenu est à la barre. On comprend qu'il s'agit d'un Juif en col blanc qui doit répondre d'une escroquerie ou de quelques délits fiscaux. Le juge lui en met pour six ans.

Vient ensuite un détenu noir qui a manqué de tuer une vieille grand-mère en la frappant avec un marteau pour lui voler son sac à main. Le juge lui en met pour huit ans. Le détenu noir, agressif, demande au juge :

« Je ne pourrais pas avoir la peine du Juif ?

– Quand tu commettras un crime de Juif, tu auras une peine de Juif. »

C'est l'histoire d'une partie de ma vie professionnelle. Je ne me bats pas pour contester qu'il existe une surdélinquance financière juive. Et une sous-délinquance violente de mes semblables.

Et qu'il existe une surdélinquance sanglante issue de l'immigration maghrébine.

Pour ma part, je n'ai jamais été capable de défendre les crimes de sang.

Plainiel n'a rien compris de ce que je lui ai dit. Quant au public, il m'a agoni de menaces et d'injures.

Smile

Cafard noir. La tristesse a souvent été ma compagne. Lorsque j'étais de l'autre côté de la mer, il me suffisait de regarder la joie d'un chien s'ébrouant dans la mer. Ou d'écouter Franky chanter « Smile ». Ici il n'y a pas la mer, il n'y a pas de chiens, Sinatra est à l'index et moi je suis en laisse.

4.
Ruses victimaires

C'est après avoir convaincu les premiers qu'ils sont tous les derniers des salauds par voie héréditaire, les seconds qu'ils sont les victimes raciales et sexuelles des premiers, que la religion des éveillés a fait des ravages dans les esprits décérébrés.

Ce culte victimaire pervers avec ses grands prêtres et ses petits clercs fait la loi dans le Camp du Bien. Convoité, le statut de victime confère des avantages illimités.

À dire vrai, seules les victimes imaginaires sont vraiment magnifiées, les souffrances réelles et cruelles, telles que la maladie et la vieillesse, sont, elles, ignorées. Aucune compassion non plus pour le handicap injuste de la laideur. Il n'existe aucune civilisation humaine qui n'avantage ce privilège sans grand mérite de la beauté. Mais ne le dites pas aux vilains, ils deviendraient méchants.

Dans mon profond désarroi, je décide, dans le secret de mon âme tourmentée, d'acquérir coûte que coûte cet état de souffrance délicieux.

Ruse de Sioux

Je commence par la voie héréditaire. Je l'ai nommée en mon for intérieur la martingale Warren.

Je dois vous confesser qu'à mon stade de déréliction plus que de déconstruction j'ai commencé à me parler à moi-même, mais à voix basse car mes geôliers mutiques ont entrepris de placer des micros enregistreurs dans ma cellule depuis qu'ils ont noté cette nouveauté comportementale. Martingale Warren donc, du nom d'Elisabeth Warren, cette sénatrice démocrate américaine très progressiste, ayant ambitionné un temps la présidence, qui avait fait état de ses origines amérindiennes. Elle avait commencé à en retirer quelques sympathies compatissantes, quelque respect obséquieux, quand, hélas pour elle, une enquête menée par quelque journaliste irrespectueux autant que de peu de foi révéla que la dame woke n'avait pas le moindre rapport avec le peuple aux tomahawk. Après avoir fait acte de contrition, la dame n'en perdit pas pour autant sa réputation. Un élu républicain aurait sombré dans le ridicule social et la ruine professionnelle. Pas Elisabeth Warren.

Car si elle ne pouvait prétendre à une seule goutte de sang peau-rouge, la démocrate gauchisante avait le droit de jouir du privilège rouge.

C'est ce privilège rouge qui fait qu'il n'y a pas eu de Nuremberg du communisme qui a fait cent millions de victimes que personne ne plaint. C'est ce même privilège rubicond qui fait qu'on peut être antisémite tout en restant dans le camp des bons. Mais j'ai le sentiment de radoter…

Je tente donc cette martingale en m'espérant plus de succès que la Warren.

Il m'est difficile de me dire un rien Sioux ou un brin Comanche sans que l'un de mes aïeux d'Europe centrale ait traversé l'Atlantique. Et c'est là où j'invente Edelman. Ou, plutôt, je le fais partir plus tôt en Amérique. Feu ma grand-mère russe, épouse Schwartz née Edelman, m'a en effet raconté que l'un de ses frères avait quitté les pogroms de sa Bessarabie natale pour le Nouveau Monde. Petit enfant imaginatif, lorsque j'avais connaissance de tel glorieux scientifique d'outre-Atlantique portant ce noble nom, il me plaisait d'y voir mon grand-oncle.

Je fais donc de celui-ci mon arrière-grand-père et adresse sans scrupule aucun le courrier suivant au comité *ad hoc* chargé des réparations pour les martyrs des génocides blancs :

> Monsdames dans la fluidité non binaire, je dépose ce jour avec une gratitude anticipée, mais dans la souffrance de mon hérédité blessée, une demande de réparation morale mais aussi matérielle en qualité de descendant du noble peuple apache, martyr de la barbarie occidentale et blanche et, il faut bien le dire, protestante.

(À ce stade de mon compte rendu épistolaire, je tiens à rendre témoin mon lecteur complice de ma sainte rouerie : dans cette requête, je contrefais finement le balourd pour rendre plus crédible mon handicap. Foin de ma naturelle modestie, celui-ci sait mon talent de plume.)

Je reprends donc le cours de ma missive après ce commentaire ô combien nécessaire :

> En effet, après l'avoir lâchement mais de manière compréhensible caché sous l'Ancien Régime de la blanchité dominatrice, je dois vous indiquer que mon ancêtre Jacob Edelman avait immigré de Russie blanche (donc forcément antisémite...) pour rejoindre ce qu'on appelait monstrueusement le Nouveau Monde. Constatant avec répugnance et effroi les crimes que les envahisseurs blancs commettaient, il rompit avec eux brutalement et embrassa la cause des natifs.

C'est dans ce cadre qu'il épousa une femme apache tout en se montrant plein d'égards pour elle en partageant notamment les tâches ménagères conformément à la sage coutume indigène.

C'est donc de ce héros, mort en martyr, la hache à la main, et de cette fière autochtone que je suis issu par la voie maternelle.

Je tiens ces renseignements par tradition orale, mes ancêtres étant pauvres et illettrés.

Je suis parfaitement conscient du manque de preuves écrites, mais je ne saurais être tenu pour responsable de ce que les blancs protestants aient mis la contrée de mon peuple apache à feu et à sang. Vous voudrez bien y voir au contraire la preuve tant de ma bonne foi que de mon préjudice.

C'est donc le cœur confiant que je réclame le statut de victime avec les avantages prévus réglementairement à cet effet et d'ailleurs incompatibles avec mon statut punitif actuel.

Un aménagement de peine, une amélioration notable des conditions actuelles me paraîtraient de nature à atténuer quelque peu ma souffrance héréditaire.

Avec mes sentiments obséquieux autant que sulfureux.

G. Gronadel.

Post-scriptum : il me semble qu'une rapide enquête pourrait établir que mes ancêtres Edelman ont vécu aux États-Unis.

Entre nous, pour attester ma moralité, j'indique que cette référence aux Apaches n'était pas fortuite. D'une certaine façon, je sacrifie même à la vérité, puisque mon grand-père maternel a été un peu voyou dans sa jeunesse aux Batignolles avant de donner, lui le communiste, son œil très à gauche à Verdun.

Trois mois plus tard, je reçois la lettre officielle suivante du Comité des réparations pour les martyrs des génocides blancs.

> Accusé Gronadel, le Comité, avec équité et ignorant le pré-jugé, à l'unanimité – 1 abstention d'un absent, a décidé de rejeter ta requête pour les deux motifs ci-après énoncés :
>
> 1. Absence de preuve convaincante.
>
> 2. Surabondamment, et afin de ne commettre aucune injustice, le Comité, par exigences particulières, a bien voulu faire diligenter une coûteuse enquête à ses frais, avancés grâce à la collaboration efficace de nos frères et sœurs fluides éveillés des États-faussement-Unis. Il a pu effectivement être constatée la trace d'un Edelman à New York avec lequel tu pourrais effectivement être apparenté. Celui-ci, décédé en 1980, était connu comme joueur de poker, tricheur professionnel et petit proxénète machiste lié au milieu de la criminalité financière israélite. Aucune trace de sang du peuple martyr des blancs n'a été constatée.

En conséquence, tu es débouté de ta requête et condamné au remboursement des frais d'enquête.

Un genre de transition

Après avoir digéré cette première rebuffade, je ne désarme nullement dans ma quête de reconnaissance victimaire. Presque heureux de m'être fait la main.

La solution raciale ayant échoué, j'opte pour la voie sexuelle.

J'entends me faire femme et homosexuelle et jouir ainsi d'un double avantage : prétendre au double martyrologe féminin et homosexuel et, d'autre part, me retrouver ainsi au milieu d'une population qui m'avait toujours inspiré, j'ai un peu honte à l'avouer de peur de passer pour primaire en cette période binaire, un attrait que j'ose encore croire en secret naturel et majoritaire.

L'âge a certes naturellement calmé quelque peu mes excessives ardeurs mais, par compensation, solitude et privation les ont raffermies.

Cette fois, le coup est imperdable : dès son arrivée au pouvoir, La Transe insoumise a décrété un édit qui permet à tout·e citoyen·ne (exception faite par moratoire spécial pour la population régentée, de droit dérogatoire, par le pouvoir islamiste), quel que soit son âge, de changer de sexe conformément à son ressenti, indépendamment de celui qui lui a été arbitrairement assigné à sa naissance. Une simple lettre recommandée à l'état civil ferait foi de celui-ci et s'imposerait immédiatement *urbi et orbi*, comme on dit.

La formalité accomplie, j'adresse donc sans désemparer la requête suivante au comité idoine :

> Messieudames du Comité des victimes du sexisme de genre voudront bien trouver ci-joint copie et accusé de réception de la lettre de transition administrative de sexe que j'ai adressée en bonne et due forme à la mairie de mon domicile. À partir de ce moment, vous voudrez bien me considérer telle que je me considère moi-même comme un individu de genre féminin qui se prénomme désormais Ghislaine. Je vivais ma masculinité comme une maladie toxique dont je suis désormais guérie. D'autre part, ma féminité désormais assumée ne m'empêche pas de continuer de ressentir pour les femmes une attirance qui, si elle n'a rien de naturel, est néanmoins, dans mon cas, indéniable. Vous voudrez bien également prendre en compte ma souffrance homosexuelle issue d'une homophobie latente que je commence à percevoir. Par voie de conséquence, je demande à être transférée sans délai dans le département des femmes. J'attends également de me voir fourni l'uniforme qui sied à mon sexe.

Il me tarde de rejoindre au plus vite mes sœurs et d'échapper ce faisant à la lubricité de certains de mes gardiens ainsi qu'à leurs regards appuyés et plaisanteries inappropriées.

Ghislaine Gronadelle.

Plusieurs jours après l'envoi de ce courriel, je n'ai encore reçu aucune réponse. Mais je l'attends cependant avec confiance. Quelle n'est pas ma déception quand, quinze jours plus tard, je reçois la missive suivante :

Accusée Ghislaine Gronadelle, le Comité des victimes du sexisme de genre a pris le temps d'examiner minutieusement ta requête. Il n'entend évidemment pas te refuser le bénéfice indiscutable de celle-ci sur le plan administratif. Toutefois, il est indéniable qu'elle pose certains problèmes d'ordre pratique. Ainsi, dès que la demande fut transmise au département féminin, certaines détenues, informées par quelques regrettables indiscrétions, ont manifesté un malaise.

Fût-ce injustement, il leur déplaît de compter désormais parmi elles une femme sur les inclinaisons de laquelle elles s'interrogent. Elles ont cru devoir exciper du précédent écossais qui a empêché, la loi de transition administrative de genre adoptée, un détenu devenu femme par voie d'inscription au registre de l'état civil de venir partager leurs toilettes et leurs douches. Certes, il s'agissait d'un violeur en série, ce que tu n'es pas, à notre connaissance.

Mais tes sœurs ont également fait valoir le principe de précaution. Elles nous ont rappelé que le 18 octobre 2022, dans le New Jersey, une prisonnière transfemme a été condamnée à trente ans de prison pour avoir engrossé deux de ses codétenues.

Précisément, tu as bien voulu toi-même sortir de l'ambiguïté en nous précisant ton homosexualité, ce qui est de nature à transformer les interrogations de tes sœurs sur tes inclinaisons en certitude.

Il n'est certes pas question de te reprocher ton homosexualité, bien au contraire : appartenant à la communauté gay, tu mérites, sur ce point, tout notre compatissant respect. Mais tu ne dois pas oublier la présence dans les établissements carcéraux féminins de *Trans-Exclusionary Radical Feminists* (TERF), femmes lesbiennes respectables mais excessivement genrées qui nourrissent pour les transfemmes de ta condition et de tes orientations une répulsion physique parfois agressive doublée de méfiance, que nous nous devons de prévenir. Même si, de ton côté, tu pourrais y déceler une forme de transphobie sexiste.

En conséquence, à regret, mais pour une bonne administration du Centre du Bien et la tranquillité publique comme pour ta propre sécurité, il a été décidé de surseoir à ta requête. Néanmoins, tu recevras dès demain les vêtements pénitentiaires appropriés et tu pourras éventuellement concourir avec tes sœurs dans les rencontres pugilistiques prévues prochainement. Il ne saurait en effet être question de nier ton genre…

Encore raté. Je suis Grosse-Jeanne comme devant. J'ai tous les inconvénients, sans aucun avantage.

Ma grosse arnaque

Loin de désarmer cependant, j'opte pour la victimisation physique par le handicap et, plus spécialement, pour celui de l'insupportable grossophobie. L'obésité serait un handicap imaginaire construit culturellement. Bien que je sache ceux qui me lisent fort avertis de wokologie, je m'autorise un rappel de ce qu'on appelle les *fat studies*. Ces études sur la corpulence reposent sur le principe des théories postmodernes faisant de la science une construction de pouvoir alimentant la « haine » à l'égard des personnes corpulentes au même titre que la misogynie et le racisme.

Ces études sur la corpulence sont donc portées à se montrer hostiles à l'égard de la science, afin de mettre en avant d'« autres formes de connaissances » comme les expériences personnelles, le féminisme ou même la poésie.

En 2010, Linda Bacon, la bien nommée, publia le fameux *Health at Every Size: The Surprising Truth About Your Weight* (*Santé à tous poids : La surprenante vérité autour de votre poids*), ouvrage où elle soutient que les corps, quelle que soit leur taille, peuvent être en bonne santé. Une idée, entre nous, loufoque et contraire à la vérité médicale. Les études sur la corpulence entrent donc dans le champ de l'intersectionnalité victimaire des minorités raciales ou sexuelles opprimées :

« Nous ne pouvons pas mettre à mal les pressions sur le poids et la taille sans faire face à l'intersectionnalité de toutes les oppressions. » Pour Charlotte Cooper : « Le discours sur l'obésité est totalitaire. Autrement dit, il se présente comme la seule autorité en matière de corpulence, rien d'autre ne compte. » À l'en croire, pour les partisans de la lutte contre la grossophobie, « le capitalisme entretient la haine de la corpulence parce que les entreprises créent des produits dont le seul but est de rendre les clients filiformes ». La science médicale relative à l'obésité est considérée comme créatrice d'un discours oppressif : « Traiter les personnes d'obèses médicalise la diversité humaine. » Malgré les preuves indiscutables montrant que l'obésité augmente le risque de maladies graves et de mort précoce, Kathleen LeBesco affirme de son côté que les personnes obèses considérant leur poids comme un problème ont été en fait conditionnées à accepter leur oppression. Elle affirme même que « le savoir scientifique ne révèle pas tout ce qui est à savoir ». La grossophobie est fille de l'eugénisme. Encore plus fort : la valorisation de la santé est en réalité une idéologie problématique appelée « santéisme » (*healthism*).

Bref, noirs, femmes, gros, unissez-vous ! Je suis résolu à prendre cinquante kilos.

Il faut dire que l'hérédité joue en ma faveur. Je suis fils de gros par mon père qui me demandait de cacher nuitamment la clef de la cuisine pour lui en interdire l'entrée. Ma grand-mère maternelle était frappée d'éléphantiasis. Son fils, mon oncle, était obèse. Je ne les savais pas victimes d'un système oppressif mais seulement de leur appétit gargantuesque. Moi-même, garçonnet, j'étais du genre grassouillet.

En réalité, et sans vouloir me vanter, n'était ma volonté d'acier qui m'avait obligé à réfréner ma faim toute ma vie durant en ne mangeant qu'au dixième de mon appétit, c'est un gros qui vous écrirait.

Je vais donc m'en mettre plein la lampe pour pas un rond. Ou plutôt pour le devenir.

Toute ma vie, j'ai rêvé d'être obligé de prendre trente kilos pour jouer dans un film. J'ai trouvé un rôle sur mesure XXL.

Dès le lendemain, je commence l'opération gavage de moi. Je réclame à mes geôliers sans arrêt les aliments les plus nourrissants. Végétarien, je me goinfre sans discontinuer de pommes de terre que je fais sauter sans économie d'huile végétale. J'y ajoute des aulx et du persil pour mon plaisir particulier. J'ingurgite avec frénésie force épis de maïs. J'avale tout ce qui était sucré ou chocolaté. Je me noie dans le Coca-Cola originel sucré, du temps où j'étais un petit gros. Je rejoue *La Grande Bouffe* à moi tout seul, malheureusement sans Ferréol.

Au bout de trois mois de gloutonnerie, je réclame l'infirmerie. Prétextant quelque embarras gastrique, je demande la pesée. J'avais dépassé allègrement le quintal. L'infirmier crut devoir diagnostiquer un surpoids excessif et brutal. Je le regarde avec sévérité et morigène le penaud pour sa brutalité.

« Point de grossophobie ici, je vous prie ! », fais-je en haussant un sourcil.

Mais ce n'est pas suffisant pour réussir ma stratégie. Je remets donc avec ardeur le cap sur la grosseur. Trois mois encore plus tard, j'ai réussi : je pèse cent trente-huit kilogrammes.

Je suis difforme, méconnaissable, je marche difficilement en soufflant. Mon cœur doit flotter dans un océan de graisse. Bref, je suis heureux.

C'est donc dans ce contexte d'obésité caractérisée que je me remis à l'ouvrage et adressai au Comité de lutte contre la haine grossophobe la requête suivante :

Mesdamessieurs dans la fluidité du comité CLHG, j'étais déjà victime de la haine sexiste contre les femmes homosexuelles, me voici à présent en butte à l'ostracisme qui touche les personnes obèses. On sait les deux haines inextricablement mêlées. Je n'ai honte pourtant ni de mon sexe féminin, retrouvé après celui qui me fut arbitrairement assigné, ni de mon corps pleinement assumé. Pour le dire sans gêne, je me trouve belle et bien dans ma grosse peau. Néanmoins, lors de mes rares sorties obligatoires, j'ai surpris des sourires narquois. L'on a ri derrière mon large dos. Pire encore peut-être : ici même, dans notre Centre du Bien que je voulais croire à l'abri des préjugés d'un temps que je pensais révolu, des médecins ont cru devoir me conseiller un régime soi-disant diététique, à base, notamment, d'eau minérale, pour le prétendu bien de ma santé. Sans mauvais jeu de mots, je pensais ce régime de Vichy jeté aux oubliettes de notre sombre histoire. Ainsi, ces blouses blanches qui ont fait tant de mal sont partout et voudraient nous faire accroire que l'obésité serait mauvaise pour la santé !

J'en viens au cœur de ma requête : on a cru devoir me refuser, prétextant opportunément une jurisprudence de circonstance, mon transfert chez mes sœurs, alors que je dois subir sans cesse la concupiscence des hommes, dont certains sont davantage et encore attirés irrésistiblement par mes formes et courbes. Je ne saurais blâmer entièrement cette inclinaison naturelle instinctive et animale qu'ils devraient néanmoins maîtriser.

En conséquence, je demande, avec une respectueuse fermeté, soit que l'on m'envoie chez mes sœurs, soit que je bénéficie par compensation d'un traitement particulier qui me donne enfin le droit de circuler librement.

Je réclame le droit au bénéfice du martyre de la grossophobie et des indemnités qui y sont attachées.

Avec tout le respect que je dois à votre noble comité, je ne saurais imaginer un refus.

Signé Ghislaine Grossenadelle, fière de son corps comme de son sexe.

Dans l'attente du résultat de la requête, vous auriez pu croire que j'aurais restreint mon régime alimentaire. À dire vrai, je le croyais aussi. Mais je m'étais habitué à ingurgiter ces grosses quantités de tubercules, de pâtes et de farines diverses. Je n'arrivais plus à endiguer ma fringale animale. J'étais rattrapé par ma propre farce.

Quand la réponse arrive, près de deux mois et demi plus tard, j'ai dû encore prendre une dizaine de kilos.

Lisez vous-même la réponse consternante du comité *ad hoc* :

Accusée Ghislaine Grossenadelle, le Comité de lutte contre la haine grossophobe (CLHG) a examiné minutieusement ta requête.

Une enquête particulière a été diligentée sur site après dénonciation civique et anonyme d'un militant vigilant. Il est apparu que c'est au moyen d'un subterfuge grossier que tu t'es faite grosse pour tenter d'obtenir indûment le bénéfice consistant de la protection contre la haine grossophobe.

Non seulement tu as tenté vainement de tromper la religion du Comité, mais tes procédés artificieux sont un crachat sur le corps martyrisé des obèses moqués. En dépit de ton poids, tu es considérée comme une fausse grosse par les défenseurs des obèses et, par conséquent, déchue du droit à leur protection légitime contre la haine dont ils sont les grosses victimes.

Par ces motifs, non seulement ta requête est rejetée mais tu seras condamnée à recopier dix fois dans sa version inclusive les nouvelles paroles de *La Marseillaise* fluide. Nous ordonnons au surplus qu'à titre prophylactique pour les gros et les obèses cette décision soit rendue publique demain à 13 heures sur la chaîne d'information publique Transse Inter.

Je suis Grosse-Jeanne comme derrière.

Abattue, je me revanche en reprenant une dixième assiette de purée de pois chiches dont je tartine une deuxième baguette. Je ne rentre plus dans mon survêtement XXL.

Je suis affamée de justice. Et de pommes frites.

La Marseillaise *fluide*

Aux armes, citoyen.ne.s, formez vos bataillons! Allons enfanter de la matrice, le jour de gloire de la Transe libre est arrivé! Contre nous de la tyrannie du mâle blanc dominant l'étendard sans gland est levé! Entendez-vous dans nos compagnes rugir les féroces sexistes? Ils viennent jusque dans nos draps égorger nos fils et nos filles fluides! Aux armes, citoyen.ne.s, chantons *La Marseillais.e*. Marchons, marchons, qu'un sang blanc pur abreuve nos si lion.ne.s!

Texte remanié par le·la camarade fluide Roger (de Lille).

(Exemplaire manuscrit de ce qu'il me fallut recopier cent fois de ma blanche main droite.)

~

29 Fidel (ex-février) de l'année bisexuelle, 13 h 05, Transe Inter, communiqué : « On apprend que l'ineffable Me Gronadel, qui aura harcelé durant des années les journalistes de l'audiovisuel de service public de manière obsessionnelle, osant lui reprocher son progressisme naturel, a tenté vainement par la ruse d'obtenir indûment le bénéfice du handicap de l'obésité. Il a été justement débouté de ses demandes indécentes et condamné à une grosse indemnité. »

Guillaume Lutetia, humoriste de service public, de retour après une longue absence : « Z'est pas zuste ! Ze proteste ! Ze fais appel ! Z'atteste sur l'honneur que ze suis un gros con sans prépuce ! » (Ricanements dans le studio capitonné.)

~

Escroquerie à la juive

Quinze jours plus tard, je me suis ressaisie. Je décide de jouer le tout pour le tout. D'abattre ma dernière carte. La grosse femme que je suis devenue allait exciper de sa judéité. Qui mieux qu'une grosse fille du peuple juif peut brandir la souffrance victimaire ? Bien qu'animée d'un étrange pressentiment venu du fond des temps, je décide d'adresser au comité idoine la requête suivante :

Mesdamsieux du Comité de réparation des martyrs des génocides blancs (CRMGB), non sans répugnance, j'ai décidé de soumettre à votre haute institution le cas douloureux ci-après exposé : je suis une dame obèse qui a été déboutée de toutes ses prétentions. Aussi, la mort dans l'âme, je me vois contrainte de brandir devant vous la souffrance suprême. Jusqu'à présent, par pudeur, je m'étais refusée à vous rappeler l'étoile jaune qu'avait portée ma mère pendant l'Occupation. Vous pourrez également vérifier que la sœur de mon père est morte gazée au camp d'Auschwitz. Moi-même, enfante en Normandie, il m'est arrivé d'être harcelée par des écoliers aussi bêtes que méchants. Durant ma vie d'adulte, un autre antisémitisme meurtrier a vu le jour. Certains membres de La Transe insoumise, la franchise m'oblige à vous le dire, me regardaient parfois avec une étrange méfiance. Il ne s'est donc pas passé un jour sans qu'on me rappelle mon origine, parfois de manière fort menaçante, sur les réseaux sociaux. Mais laissons derrière nous ces inutiles rancunes puisque ce parti est aujourd'hui au pouvoir.

Je demande simplement et humblement à bénéficier, comme tous les autres membres des peuples victimes, du privilège victimaire. Les cendres des victimes de la Shoah vous le murmurent tout bas.

Ghislaine Grossenadelle,
une Juive obèse en grande souffrance.

Cette fois, le Comité, peut-être embarrassé, met six mois à me faire cette réponse :

Accusée Ghislaine Grossenadelle, après en avoir débattu, ta requête a été rejetée à l'unanimité moins la voix d'un membre subitement décédé qui sera considéré comme s'étant abstenu.

Avant toute chose, le Comité, issu de La Transe insoumise, considère comme injurieuses tes allégations mensongères concernant une quelconque indulgence envers un antisémitisme que chaque être humain de tous les genres de l'arc-en-ciel constellé, masculin, féminin, neutre ou fluide, et de toutes les couleurs, se doit d'abhorrer. On reconnaît là la marque indigne, indigente et indigeste du sionisme colonial d'extrême droite pour laquelle tu as été sévèrement condamnée par notre Justice équitable à la demande du peuple indigène de Palestine.

Cela fermement posé, il ne saurait être question de te tenir rigueur de tes délires idéologiques et de tes errements moraux pour ne pas répliquer en droit comme en fait à la question posée.

Tout d'abord, contrairement aux racines amérindiennes imaginaires que tu as tenté d'alléguer frauduleusement, tes origines juives ne sont pas contestées. Encore que la question se pose de savoir si le peuple juif existe réellement, en dehors de la superstition religieuse dite judaïque, que tu as le droit sacré de pratiquer sans ostentation.

En tout état de cause, le Comité estime que les Juifs ne font plus partie des peuples racisés, les Juifs appartenant à la catégorie des blancs et jouissant, au moins depuis la fin du second conflit mondial, du privilège blanc. Les exactions commises dans l'État usurpant les droits du peuple arabe racisé palestinien, dans le cadre d'un apartheid à caractère génocidaire, en sont l'exemple le plus consternant. Le fait que tu aies soutenu celui-ci est considéré comme circonstance aggravante. Cette attitude dominatrice souille la mémoire des Juifs sans défense massacrés par les nazis blancs. Elle n'excuse évidemment en rien les exactions commises par les hitlériens blancs envers d'autres blancs.

Nous te renvoyons, pour ta propre édification, aux déclarations de la grande artiste noire racisée Whoppy Goldberg qui a clairement expliqué sur ABC le 1er février 2022 qu'il ne pouvait donc s'agir, à proprement parler, de racisme.

Cependant, compte tenu de ces pénibles circonstances et de ces indiscutables et inadmissibles souffrances, tout en rejetant ta requête pour les motifs ci-dessus exposés, le Comité a décidé, à titre exceptionnel, de ne pas te condamner à des dommages et intérêts pour cette procédure sinon abusive, du moins erronée.

Cela mit un terme définitif à la période victimaire de la vieille grosse Juive blanche détenue au Camp du Bien.

~

12 Marx, crise de goutte.

13 Marx, j'ai à nouveau renoncé à écrire ma *Photo*. Je n'y arrive pas. Ni le passé ni le futur ne m'intéressent présentement. Pardon, Madeleine.

Après bien des hésitations, je décide néanmoins de poursuivre le présent journal.

~

Ma curatrice rouge veut me faire passer le goût du mensonge.

Comme à son habitude, elle était entrée sans crier gare. J'étais affalé sur mon lit.

« On vient de me faire passer un dossier dans lequel il apparaît que tu es un menteur invétéré. Pire encore, j'ai en main un passage télévisé dans lequel tu te vantais avec effronterie de “mentir tous les jours". Je sais que tu es avocat, donc un menteur professionnel, mais de là à t'en faire gloire… Comment veux-tu que nous arrivions à quelque chose avec toi si tu mens comme tu respires ?

– J'avoue tout. Je reconnais avoir publiquement indiqué que je mentais tous les jours. Je ne m'exprimais pas en tant qu'avocat. Et d'ailleurs, sous ma robe, je mens le moins possible, même si évidemment il m'arrive de ne pas dire toute la vérité. Cela me paraît plus efficace. Je préfère présenter les bons côtés de mes client·e·s, réfuter les contre-vérités, dénoncer les sottises et les lâchetés.

« Mais, dans ma vie personnelle, je m'honore de mentir chaque jour. Il y a les pieux mensonges, les mensonges blancs comme on dit en hébreu, les tendres mensonges, les mensonges par obligation.

« Je ne vais pas dire à quelqu'un de laid qu'il l'est. Je vais dire à cette femme qu'elle est belle. Je ne vais pas dire à un ami que son médecin m'a avoué qu'il n'avait plus que quelques jours à vivre. Je ne vais pas dire à cet enfant qu'il manque d'intelligence mais au contraire le féliciter pour lui donner de l'assurance. Il m'arrive de penser que le bon Dieu a donné la parole à l'homme pour mentir.

« Mais en dehors de ces beaux mensonges, je n'aime pas les petits mensonges. Le mince succès que j'ai obtenu dans ma vie, je l'ai au contraire bâti sur l'envoi de dures vérités trempées dans de l'humour caustique. Je mens tous les jours, mais je ne suis pas menteur. »

Elle repart comme elle était venue, sans un bonjour ni un bonsoir. Sans mentir, j'ai l'impression de l'avoir retournée comme une crêpe.

5.
Accusée Grossenadelle, levez-vous !

Je pense naïvement qu'une sorte de train-train résigné s'était installé dans le Camp du Bien. Pour des raisons obscures, probablement liées à mes requêtes victimaires incessantes, les autorités m'ont autorisé à me tenir sur le palier extérieur de ma cellule. Il m'arrive donc de rencontrer des compagnons d'infortune qui passent devant mon entrée. Certains crient leur rage, d'autres chuchotent quelques indiscrétions. Les choses se sont gâtées. Ainsi Michel Auffray, poète et paysan, fait prisonnier dans la même charrette que moi, croit savoir qu'une révolte vient d'être matée à quelques blocs de nous. C'est dans le cadre de ces émeutes réprimées, paraît-il fermement, que des troupes auxiliaires sont venues renforcer nos gardiens falots mais débonnaires. C'est ainsi que les choses ont changé. Les nouveaux arrivants sont des black blocs en rupture de blancs, inscrits désormais dans la milice antifasciste et des miliciens Verts islamo-révolutionnaires formés dans la nouvelle République islamique autonome et démocratique du Sain Déni. Si les débonnaires ne souriaient jamais, les nouveaux arrivants ricanent toujours en frappant sur tout ce qui bouge.

Le 20 du mois de Marx

C'est la même équipe judiciaire bigarrée qui m'a opéré pour génocide l'an dernier à la même époque. Le procureur est toujours moustachu mais il n'est plus adjoint. Sa promotion lui a fait prendre quelque embonpoint. Mais moins que moi. Nous sommes toujours au même endroit, dans la Basse Cour Attila. Eux assis, moi debout, dans une robe sexy qui met en valeur mes courbes généreuses et mes tongs.

L'homo rictus me toise :

« Tiens, comme on se retrouve, monsieur le génocidaire. »

Cette sortie le rend populaire. Femmes voilées en pâmoison, transhommes transis en transe hypnotique.

« Seulement complice, Votre Honneur. »

L'homme ignorant depuis toujours le second degré me réplique sévèrement :

« Tu sembles ignorer que la complicité est punie aussi sévèrement que le crime principal ! Étonnant pour un avocat.

– Dans ce cas, appelez-moi madame la génocidaire.

– Cette fois-ci, reprend-il, feignant de n'avoir pas entendu, c'est presque aussi grave : tu as inventé le concept de racisme antiblanc qui est en réalité un fantasme raciste d'extrême droite. Seuls les blancs, on le sait, ayant le monopole de ce travers criminel qui a fait tant de mal. Ce sera donc l'acte d'accusation :

« Grief numéro 1 : Attendu qu'en 2011 le blanc privilégié Gronadel a reconnu, dans le pamphlet raciste qu'il a commis, intitulé *Réflexions sur la question blanche* et consacré au pseudo-racisme antiblanc, qu'un "haut magistrat de profession l'avait prévenu que ses propos étaient passibles des tribunaux"... (page 18 de l'opus infâme). »

À cet instant, un Conseiller transfemme blanc intervient (à moins que ce ne soit le noir, je m'y perds) :

« Maîtresse Hesse avez-vous une déclaration à faire en faveur de l'accusé ?

– Devant le caractère accablant de cet aveu de culpabilité, je conseille à mon client de solliciter l'indulgence de votre juridiction », déclare ma chargée de défense malgré moi.

Ayant pris mon parti de la palinodie, je déclare d'un ton égal :

« Je ne suivrai aucunement cet étrange conseil. Je n'ai fait aucun aveu de culpabilité. Mon amie magistrate se contentait, par une boutade que, précisément, je rapporte dans cet ouvrage, de me faire observer avec raison combien un livre sur le racisme antiblanc sentait le soufre au regard de l'odorat sensible de la caste dominante. Cela posé, mon livre, s'il a été beaucoup commenté, n'a pas fait scandale et ne m'a pas conduit devant les tribunaux. Il me paraît donc quelque peu surprenant de m'en demander raison une décennie plus tard, sous prétexte d'un changement de régime. »

À ces mots, le procureur adjoint bondit :

« C'est bien pour réparer les injustices raciales de l'ordre ancien que le régime nouveau de la Justice équitable t'a conduite jusqu'ici, Grossenadelle ! »

(Applaudissements fournis.)

Il écume de rage mauvaise, le rictus et la bave aux lèvres.

Ne répondant ni ne reluquant l'éructant, je déclare calmement :

« Je dois indiquer à votre juridiction que j'entends me défendre seule. *Pro domo.* »

(Quelqu'un dans la foule : Misogyne ! Un autre : Sexiste ! Un troisième : Ah, ah, Pro homos ! Enculée !)

« À défaut, j'attends votre verdict avec sérénité, ayant pour moi le droit et ma conscience. J'indique à votre Cour en avoir pour deux bonnes heures d'explications. »

À ces mots, le tuyau redescend et on entend le procureur Lechat-Gepetto déclamer sans émotion :

« Je demande à la Cour d'entendre les explications de l'accusée. »

La Conseillère hétéro noire, mais relativement fluide, énonce alors sans aménité :

« Accusée Grossenadelle, explique-toi, tu as jusqu'à 12 h 43.

– Mesdames, Messieurs les Conseillers, et vous tous qui m'écoutez, je ne ferai aucunement amende honorable, bien à l'inverse.

« Quand j'ai écrit ces *Réflexions sur la question blanche*, il y a plus d'une décennie, j'étais loin d'imaginer dans mes pires cauchemars que le racisme antiblanc que j'évoquais bravement au regard du climat ambiant prendrait une telle ampleur par l'intermédiaire d'un phénomène innommé, et qui a triomphé, qu'on appelle le *racialisme* et que vous incarnez aujourd'hui victorieusement, magistrat·e·s racisé·e·s qui à présent me jugez.

« J'ai bien conscience en tant que femelle juive blanche d'incarner à vos yeux éveillés un être détestable.

« Je n'ai point la fortune d'être un pauvre trans-femme noir musulman. Je n'ai donc aucune chance de vous convaincre. Je ne plaide même pas pour l'Histoire, car je sais depuis Orwell que celui qui contrôle le passé contrôle le présent, et qui contrôle le présent contrôle le futur.

« Vous contrôlez donc tout, en dehors de ma conscience.

« Que disais-je il y a vingt ans ?

« Dans *Le Nouveau Bréviaire de la haine*, je suis partie d'une intuition que je nourrissais depuis des années des fruits amers de mes constatations : la formidable détestation de l'État-nation européen à laquelle nous assistions depuis trois décennies était directement issue du choc occasionné par la révélation médiatique tardive des horreurs de l'Holocauste hitlérien. »

(Quelqu'un, au fond de la cour : On peut avoir un décodeur ?... Rires et applaudissements.)

« J'expliquais qu'il s'agissait d'un véritable traumatisme collectif, d'un séisme historique, psychologique, politique, culturel, dévastateur et fondateur.

« Lorsque j'évoquais ce terrible séisme, insoupçonné sur le moment, je tenais à préciser que je ne faisais pas allusion directement au génocide qui a détruit la *yiddishkeit* entre 1940 et 1945, mais à son intrusion à retardement dans les chaumières chrétiennes occidentales, à partir des années 1960, pour des raisons touchant à la fois à la religion, à la psychologie et aux progrès techniques de l'audiovisuel. Et ce, qui par le procès d'Adolf Eichmann à Jérusalem, qui par le récit des victimes juives dont la langue et la plume enfin se déliaient et, surtout, par la civilisation de l'image et du son qui parlait bien davantage au cœur qu'à l'esprit, aux masses qu'à l'élite.

« J'avais tenté d'établir que, paradoxalement, les œuvres virtuelles à retardement, mettant en scène des personnages fictifs, façon *Holocaust*, mais avec lesquels le public occidental pouvait s'identifier, avaient eu plus d'impact que les documentaires d'actualités en noir et blanc montrant des bulldozers charriant des corps décharnés ou des individus anonymes exotiques, au regard animal, visionnés dès la libération des camps, par un public accaparé par ses propres affaires… »

(Quelqu'un dans le public : On n'y comprend toujours queue dalle ! Rires et applaudissements.)

« Je m'étais efforcée de montrer, poursuivis-je imperturbablement, que le fameux "CRS/SS !" hurlé par la première génération des quasi-adultes qui venait de prendre en pleine face l'horrible révélation en images du crime majeur européen était bien plus qu'un calembour abject : un lapsus. Lapsus révélateur de la tragique confusion qui allait désormais régir et régenter la vision consciente, mais surtout inconsciente, des rapports sociaux, culturels, politiques, nationaux comme internationaux et que j'ai appelé : "l'antinazisme devenu fou".

« "Nous sommes tous des Juifs allemands !", se vantaient-ils en chœur. Voilà que dans ce curieux oxymore la judéité imaginaire et souffrante devenait à présent une qualité hautement revendiquée.

« "À bas l'État policier !", scandaient les adolescents du mois de mai. Dans leur esprit troublé, mais davantage encore dans leur cœur exalté, le policier obéissant à l'État gaulliste débonnaire devenait l'héritier en extrême droite ligne des gestapistes de Himmler et le militaire pacifique en kaki, le successeur désigné des Waffen-SS vert-de-gris.

« Cette confusion dramatique et majeure, involontaire, insensée, d'une insondable injustice, d'une connerie absolue, a été ensuite entretenue convulsivement, cultivée inconsciemment par cette génération qui a depuis pris les commandes de salles de rédaction, de plateaux de télévision, de chancelleries et de ministères, de tribunaux, et jusque parfois de certains conseils d'administration. »

Je remarque soudain, au fond de la cour, une dizaine de transfemmes en train de tricoter tout en ricanant.

« Mais, plus profondément et radicalement, je proclamais il y a déjà vingt ans, messieurs, mesdames et non-genrés, que c'était désormais l'homme occidental qui allait secrètement être haï. Dorénavant, blanc et kaki associés allaient devenir les couleurs abhorrées. Par contraste, noir et brun seraient adorés.

« Dans ce jeu de rôles psychodramatique, l'individu en colère – et, si possible, en haillons – allait être perçu dans sa lutte contre l'appareil militaire ou policier comme un résistant antinazi. Sa violence ne pourrait, dès lors, qu'être sanctifiée. Je faisais observer qu'au moins jusqu'au choc du 11 septembre 2001 il s'est agi en Europe occidentale d'un jeu uniquement virtuel, ce continent n'ayant connu pratiquement depuis un demi-siècle que paix et prospérité.

« Dans ce lieu par conséquent largement fantasmatique, non exempt de trouble plaisir et de délicieux frissons, la violence légale de l'État répressif a été appréhendée inconsciemment par l'ensemble du monde médiatique et intellectuel – qui baignait dans ce brouet depuis trente ans – comme moins légitime que la violence illégale de l'individu-résistant en colère. Bien entendu, j'expliquais que cet imaginaire culturel avait été depuis instrumentalisé, délibérément, par les adversaires irréductibles de l'État-nation libéral occidental.

« Tout d'abord par les staliniens et leurs héritiers, qui avaient tout intérêt à faire oublier les autres atrocités commises par un autre État criminel fortement idéologique et dominé par un autre mégalomane.

« Ensuite, par les trotskistes et leurs successeurs relookés déjà très présents en mai 1968, toujours largement représentés aux endroits stratégiques, et dont l'analyse théorique fait de l'État-nation capitaliste la cause de tous les maux.

« À ces courants traditionnels, s'est allié, depuis quelques années, le mouvement islamiste qui, si, à l'évidence, il n'est en rien troublé ou traumatisé par une Shoah dont il conteste souvent jusqu'à l'existence, communie avec eux dans la haine de la nation occidentale et utilise avec profit son système démocratique hypercritique pour avancer ses pions en Europe.

« Ils sont devant moi aujourd'hui ! »

(Ouhouhou ! Salope ! Ordure ! Pendez-la !)

« Juges, ne puis-je m'empêcher de protester, c'est un simulacre de justice, une parodie…

– Alors cesse tes provocations », me répond Plainiel, très applaudi.

(Provocs… à Sion, surenchérit avec esprit un plaisantin encore plus applaudi.)

« Ce que je n'avais pas encore bien saisi, reprends-je tant bien que mal, c'est qu'aujourd'hui, en raison du rétrécissement de la planète par voie de mondialisation des transports et des communications, et surtout par ces réseaux sociaux électroniques, les discours radicaux des uns et des autres se sont alimentés dialectiquement, quand bien même la forme changerait au regard de la clientèle à séduire. Raison pour laquelle plus tard j'écrirai *Névroses médiatiques. Le monde est devenu une foule déchaînée*.

« À ce stade, je tiens à faire remarquer à votre tribunal que ceux qui ont dénoncé avant moi cet esprit de système victimaire, que j'ai baptisé “martyrocratie”, l'ont expliqué par une culpabilité rousseauiste consécutive au colonialisme. C'est notamment le cas de Pascal Bruckner dans son important *Sanglot de l'homme blanc*. Je le salue au passage fraternellement, car je crois savoir qu'il est dans un bâtiment non loin de celui que j'occupe. J'espère qu'il m'écoute. »

À ces mots, le moustachu au rictus s'exclame :

« Accusée, tu n'as pas à communiquer sans autorisation avec tes codétenu·e·s ! »

(Applaudissements.)

« Merci de m'avoir obligeamment confirmé que Bruckner était votre prisonnier, monsieur l'adjoint… »

(Quelqu'un·e dans la foule : Ta gueule, traître ! La citoyenne accompagnant son cri d'un glorieux doigt d'honneur, tou·te·s ou presque se mettent à l'imiter, d'aucun·e·s, par souci d'indépendance d'esprit, préférant opter pour leur bras.)

« … Je reprends là où j'ai été grossièrement interrompue : tout en partageant largement ton réquisitoire, Pascal, je soutiens que la martyrocratie découle directement de la sidération et de la déconsidération issue de l'explosion médiatique des années 1970, après le Grand Génocide.

« Le colonialisme a été, par la suite, revisité à la lumière de cette révélation. C'est la raison pour laquelle le regard porté, par exemple, sur la guerre d'Algérie, était différent en 1975 de celui posé en 1962. Aujourd'hui, jamais les bateaux emmenant les soldats du contingent ne quitteraient aussi facilement les ports métropolitains. La Shoavision et l'antinazisme devenu fou sont passés par là.

« Mais d'autres épisodes historiques pourraient être de nouveau convoqués. Ainsi, et parmi beaucoup d'autres, la vision de la colonisation de l'Amérique par les Occidentaux a été bouleversée depuis les années 1970. Les Indiens d'Amérique ne sont plus les cruels sauvages des westerns des années 1950, mais, à l'inverse, des victimes d'un autre génocide. Le *Little Big Man* d'Arthur Penn est également passé par là, après le "Big Bang Shoah"…

« D'autre part, pour autant qu'aujourd'hui une analyse puisse être réservée exclusivement à un territoire spécifique dans le village-monde occidental de la galaxie média-électronique, aux États-Unis, la crudité de la guerre raciale dans le contexte du traumatisme de l'esclavage sudiste et de la ségrégation encore récente s'est surajoutée aux fantasmes shoatiques.

« J'en viens à ma deuxième observation...

– L'heure tourne, Grossenadelle ! Hâte-toi ou tu pourrais commencer par nous impatienter... » (Quelqu'un : Trop tard ! Rires. Le Conseiller hétéro blanc a bâillé avant que de me presser.) (Un autre : On n'en peut plus ! Fermez-lui sa sale gueule !)

« ... La haine de l'État, reprends-je en accélérant, et de ses institutions les plus répressives, n'a certes pas attendu le choc traumatique de l'holocauste hitlérien... » (Dans la salle : Allez donc, v'là que c'est reparti pour le Shoah Bizness ! Ricanements et quelques applaudissements du côté des envoyés de la RIAD.)

« Ravachol, Caserio et Vaillant, versant anarchiste, Guignol et Gnafron, sur un mode plus plaisant, en attestent l'évidence... » (C'est toi le guignol, guignolo ! s'écrie un grand transfemme métissé aux cheveux violets en tenue de cycliste. Rires et youyous.) « Mais j'affirme que c'est depuis le grand séisme que la contestation de l'État-nation démocratique occidental a pris un tour systématique, obsessionnel, largement diffusé et, pour le redire, névrotique.

« Je soutiens, en effet, parfaitement consciente de la difficulté d'une entreprise critique qui se heurte à la colossale puissance d'un phénomène d'autant plus pervers et intolérant qu'il relève de l'inconscient collectif, que le dénigrement des institutions destinées à nous protéger de cette barbarie qui caractérise cette folie du temps présent avait entraîné un formatage irrémédiable de l'esprit public. À commencer par celui des cerveaux les plus tendres. Je ne m'étais donc hélas pas trompée... »

(Et ton frère ? Cocue ! Facho !)

– Laissez-la donc dans son *delirium tremens* ! sortit le latiniste Plainiel *cum rictus ironicus*.

« ... Il y a donc vingt ans, je décrivais surtout la mise en place d'un système d'essence religieuse postchrétienne que j'appelais "religion des droits de l'homme". J'expliquais que l'holocauste juif avait symbolisé dans l'imaginaire postchrétien une nouvelle crucifixion, l'homme au pyjama rayé étant vécu comme le nouveau Christ sur sa croix. Une déclinaison de saints et de démons s'était ensuivie.

« Dans le nouveau panthéon doloriste, on trouve par ordre d'apparition : le Juif jusqu'à la guerre des Six-Jours, remplacé ensuite par dépit par le Palestinien occupé, digne successeur du Nazaréen, l'immigré, l'étranger non européen, l'homosexuel. »

(Bravo ! s'écria un grand noir) « Dans la galerie infernale : le nazi, le militaire occidental, le facho, l'Israélien, le traître, le Juda génocidaire déicide du Nazaréen de Palestine – soit l'exact contraire du Juif christique, en pyjama rayé –, le beauf franchouillard, l'hétérosexuel machiste. »

(Normal ! lancent deux petites blanches applaudies copieusement.)

« Mais il y a dix ans, je reprenais la plume, car je n'avais pas suffisamment montré que, parallèlement à cette détestation de l'État occidental, s'était opérée – et pour les mêmes raisons – la détestation de la civilisation occidentale et de sa nation qui avait pu enfanter un tel monstre. Ce furent mes *Réflexions sur la question blanche*. Afin d'expliquer cette moderne dilection pour l'altérité, j'avais forgé un nom, depuis dans le dictionnaire : la *xénophilie*, qui n'est que la face souriante de la xénophobie.

« Pour la société occidentale culpabilisée, non seulement elle n'était plus supérieure aux autres, mais, au contraire, elle devait leur être inférieure, précisément en raison de son sentiment de supériorité, de sa conduite coloniale conséquente, de son arrogance, de sa technicité mortifère, de son économie dominatrice et, enfin et surtout, en raison de sa population blanche et judéo-chrétienne.

« Il y a dix ans donc, j'écrivais les deux mots interdits : "racisme antiblanc" et je les décrivais.

« Voilà donc, mes juges très racisé·e·s mais pas très genré·e·s, ce que j'annonçais : tout donc était en place. Mais je répète que dans mes pires cauchemars, je n'imaginais pas que ce racisme antiblanc, en dix ans, allait triompher au-delà de toutes mes désespérances. »

À ce moment, le procureur tente une interruption :

« Accusée, comment oses-tu ? Tu n'as pas à apostropher de la sorte des magistrats que tu traites avec mépris comme tu traitais hier encore tous ceux qui n'avaient pas la chance de bénéficier du privilège blanc ! »

(Nombreux applaudissements et quelques rires moqueurs.)

« Je ne connais qu'un seul privilège chromatique, camarade procureur adjoint, privilège dont tu auras joui toute ta vie : c'est le privilège rouge ! »

Eddy Plainiel devient subitement rubicond.

« … privilège rouge qui fait qu'on n'extrade pas les terroristes italiens, qu'on n'a pas organisé, comme je ne cesse de le déplorer, un Nuremberg de ce communisme qui a fait cent millions de morts en Russie, en Chine, au Cambodge, continué-je dans un brouhaha indigné. Privilège rouge qui fait qu'on…

– J'ordonne une suspension d'audience !, intervient le Conseiller hétérosexuel en transe : Accusée Grossenadelle, pour t'être adressée de la sorte au procureur, tu seras privée de promenades une semaine durant !

– Ça ne changera pas beaucoup mon ordinaire, Excellence, je n'ai pas le droit de sortir de la cellule depuis mon arrestation arbitraire. »

(Le tout avec le sourire.)

« Suspension de trente minutes ! » conclut le magistrat de la Cour, à court.

Une quarantaine de minutes plus tard, mes juges reviennent, après avoir profité de la longue suspension pour se réchauffer à l'intérieur des bâtiments préfabriqués pendant que je gelais dans la cour gelée. Je m'étais couvert le chef d'un bonnet de ski rouge du meilleur effet.

L'audience reprend :

« Accusée Grossenadelle, tu as à nouveau la parole, et veille à la surveiller. »

(Applaudissements fournis.)

« Je vous disais donc, avant d'être interrompue grossièrement, que le racisme antiblanc avait triomphé au-delà de toutes mes désespérances par la victoire d'un phénomène que j'avais vu, hélas, venir, mais dont j'avais sous-estimé la force et la rapidité. Ce phénomène se nomme le racialisme. Comment imaginer que les Indigènes de la République, racistes et antisémites, allaient gagner leur combat haut la main ?

« Ce que je vais vous déclarer à présent de manière improvisée, mais tellement ressassée, est enregistré par votre distingué greffier puis diffusé sur la Chaîne pénale, y compris parmi mes compagnons d'infortune, que je salue fraternellement pour leur courage : J'accuse ce wokisme qui n'existe pas et cette théorie décoloniale indigente d'avoir plongé les cerveaux blancs et les cerveaux noirs dans un bain bouillonnant de folie et de fureur.

« Qu'annonçait déjà au blanc, en prophétesse de malheur, Houria Bouteldja, il y a près de vingt ans sous les applaudissements rétrospectifs d'Annie Ernaux ? "Demain, la société tout entière devra assumer pleinement le racisme antiblanc. Et ce sera toi, ce seront tes enfants qui subiront ça. Celui qui n'aura rien à se reprocher devra quand même assumer toute son histoire depuis 1830. N'importe quel blanc, le plus antiraciste des antiracistes, le moins paternaliste des paternalistes, le plus sympa des sympas, devra subir comme les autres." »

À ce moment précis, je demande à m'absenter pour satisfaire un besoin assumé.

Nouvelles réflexions sur la question blanche

« Vous voudrez bien considérer officiellement ce qui vient à présent comme mes *Nouvelles Réflexions sur la question blanche* et tenter de les relayer autour de vous… »

À ces mots un brin provocateurs, mes juges pluriels se regardent de manière singulière.

« Les premiers racistes antiblancs furent donc les blancs honteux. Ils ont en commun la honte de partager en secret la même couleur de peau que l'Antéchrist des temps postchrétiens, j'ai nommé Adolf Hitler.

« Je sais bien, encore une fois, que l'esclavage aux États-Unis et la colonisation en Europe sont considérés comme les vecteurs de la honte blanche, mais je répète qu'ils ont été revisités historiquement *a posteriori*, une fois que le blanc couleur Hitler s'est niché dans l'inconscient honteux de ses semblables traumatisés.

« Après la Shoah et ses commentaires, un second événement médiatique planétaire aura aggravé la honte et le ressentiment au-delà de toute raison : la lente mise à mort universellement télévisée de George Floyd, le 25 mai 2020. Celle-ci a été parfois décrite comme la Passion du Christ. Bref, une nouvelle Passion post-shoatique qui se surajoute à l'originelle. Une troisième Crucifixion.

« Entre nous, et au risque de porter atteinte au culte religieux de saint Georges terrassé par le dragon Derek, et quelle que soit l'ignominie, raciste ou non, du policier Chauvin, nul ne m'empêchera de comparer l'instrumentalisation (pour parler comme les médias de gauche) de son long et cruel trépas avec l'occultation totale de la mort de onze personnes des deux sexes, et de tous âges, qui furent massacrées en 2021 à Boulder, dans le Colorado. Il est vrai qu'elles étaient toutes blanches et que leur bourreau ne l'était pas. Il était syrien… » (Sale youpine raciste crétine ! Enculée de ta race ! Hurlements indistincts.)

« Dans le même esprit asymétrique, je ne puis résister à narrer à mes juges la ô combien édifiante histoire de Tony Timpa. Le 10 août 2016, ce jeune blanc de 30 ans fut tué à Dallas, alors qu'il avait été arrêté par cinq policiers. Il avait de lui-même appelé d'un parking police secours en indiquant qu'il avait peur.

« Il avait raconté qu'il était dépressif et schizophrène et qu'il était en manque de tranquillisants. Une situation dangereuse pour lui car, comme Floyd, il était consommateur de drogue.

« Tout comme Floyd, l'arrestation et la mort de Tony furent filmées, cette fois par la police. Tout comme George, il n'était pas armé et son agonie fut longue et douloureuse.

« Tout comme le Derek Chauvin de Floyd, le policier qui a arrêté Timpa aurait pu et dû se comporter moins brutalement et négligemment à l'égard d'un homme en danger.

« On peut entendre Timpa pleurer et implorer la police pendant qu'il est menotté et plaqué au sol par les épaules, les genoux et le cou.

« Exactement comme Floyd qui hurlait “I can’t breathe”, on peut entendre Timpa hurler à plusieurs reprises “Vous allez me tuer !” et appeler vainement au secours pendant une demi-heure.

« Il fut très exactement dans une position identique à celle qui coûta la vie à George Floyd.

« Mais lui tint treize minutes avant de perdre conscience. Alors qu’il gisait, les policiers texans riaient et se moquaient. Lorsque les premiers secours arrivèrent, les soignants attendirent quatre minutes avant de pratiquer un massage cardiaque. Alors qu’il expirait, les policiers s’esclaffaient en disant qu’il ronflait…

« Après vous avoir montré l’exacte similitude des tragédies entre George et Tony, je m’en vais à présent vous révéler les différences abyssales séparant les affaires Floyd et Timpa. Douglas Murray les a décrites par le menu dans *Abattre l’Occident*.

« Dans l’affaire Floyd, la vidéo du meurtre fut mondialement diffusée.

« Dans le cas Timpa, le média local, le *Dallas Morning News*, dut batailler pendant trois ans, dans le cadre d’une procédure judiciaire harassante, aux fins d’obtenir les enregistrements de la caméra policière ayant filmé le meurtre.

« Alors que le drame Floyd fut connu en pleine lumière universelle en temps réel, celui touchant Timpa fut dévoilé plusieurs années plus tard.

Les rapports de police se révélèrent mensongers. Ils prétendaient, contre l'évidence, que la victime avait agressé les cinq policiers. La vidéo, obtenue donc de haute lutte, dévoila le mensonge. Timpa était déjà entravé et neutralisé par les vigiles privés au moment où les policiers texans étaient intervenus.

« Autre différence capitale : un an après la crucifixion de Floyd, Derek Chauvin fut jugé et condamné.

« Il relevait du blasphème d'ériger en doute le racisme de la brute épaisse.

« Quatre ans après la mort passée sous silence de Timpa, en juillet 2020, un juge fédéral assigna cinq policiers responsables de son trépas. L'acte d'accusation stipulait un usage abusif de la force.

« Mais aucun policier ne fut inquiété. L'un des agents est aujourd'hui retraité. Les autres sont en activité. La question raciste ne fut pas envisagée, bien que l'un des policiers fût noir.

« Un an après la mort de Floyd, le monde sportif mettait encore le genou en terre.

« Timpa repose sous elle dans la froide indifférence.

« Un esprit simple pourrait constater que le privilège blanc est une chimère.

« Un esprit blasphématoire pourrait au contraire dénoncer un privilège noir. »

(Plusieurs dans la foule : Raciste ! Huées nombreuses.)

« Au risque d'agacer votre justice équitable, poursuivis-je imperturbablement, je me dois également de lui décrire – pour expliquer ce contexte asymétrique et littéralement psychiatrique – le cadre fantasmagorique dans lequel le prétendu racisme systémique a été asséné à une population décérébrée et mystifiée par un imaginaire idéologique sorti de l'antiracisme raciste.

« Je veux parler de ce Ku Klux Klan qu'on voit partout même quand il n'existe pas.

« Je vous communique officiellement, à titre de pièces à conviction – encore que je craigne que la vôtre ne soit faite – sans vouloir vous faire un procès d'intention…

– C'est ton procès que l'on fait, l'accusée ! » s'exclame Plainiel Eddy, ravi de sa saillie.

(Rires, huées, vociférations et applaudissements fournis pour ce trait d'esprit.)

« Je verse donc aux débats l'ouvrage précité de Murray qui décrit la folie prétendument antiraciste américaine et réellement malade du racialisme.

« En avril 2016, panique à l'université d'Indiana : on a aperçu un membre du Klan en habit blanc, armé d'un fouet, sur le campus. Les autorités universitaires sont taxées de passivité. Les appels à la prudente vigilance pullulent. Le danger blanc rôde dans le noir… En réalité, l'homme blanc au fouet n'était qu'un moine dominicain serrant son chapelet dans ses mains.

« Il n'empêche, l'incrédulité continuera de régner chez les étudiants de foi antiraciste. Que ferait donc un prêtre catholique à l'université ?

« On pourrait penser que cette berlue fantomatique serait unique.

« Que nenni !

« Ainsi, par exemple, on aperçut un homme en costume du Klan s'évanouir dans la nuit au collège Oberlin de l'Ohio.

« La panique entraîna l'annulation de l'ensemble des cours pour le reste la journée. La police fut requise pour traquer le clanique et le bouter hors de l'établissement. Ici, il s'agissait d'un clochard emmitouflé dans une couverture, ou peut-être d'une femme qui avait transporté une couverture dans le campus ce matin-là.

« Un autre jour, un militant queer, noir, provoqua la même panique insensée à l'université du Missouri lorsqu'il raconta que le triple K avait été aperçu à l'intérieur du campus. Finalement, l'activiste alarmiste finit par présenter ses excuses pour avoir menti. Dans les mêmes catégories fantasmatique et fantomatique réunies, le département de police de l'université du Maryland fut requis après qu'un "gibet" eut été aperçu sous un arbre du campus. La police constata qu'en fait de gibet il ne s'agissait que d'une pièce de plastique blanc posée à même le sol et destinée à protéger des meubles. Cette constatation banale déçut certains étudiants en mal de mal blanc.

« Quelques mois plus tard, ce fut au tour de l'université du Michigan d'être en proie à une symphonie hystérique pour une corde. Un étudiant déclara avoir été confronté à un gibet au sortir de sa chambre. L'université en son entier, de l'étudiant jusqu'au président, condamna cette provocation. Jusqu'à ce qu'il fût établi que le fameux gibet était en fait la moitié d'une paire de lacets perdue et pendue par la personne qui l'avait découverte, afin de permettre à son propriétaire de les retrouver.

« En mars 2018, vint le tour de l'université de Vincennes USA d'être frappée du même effroi lorsqu'un étudiant prétendit qu'il avait été approché par un homme affublé d'un masque blanc, brandissant une arme et qui l'avait agoni d'insultes racistes. Les autorités universitaires émirent promptement une mise en garde à destination de la communauté estudiantine. Le doyen des étudiants se fendit d'une déclaration indiquant que "l'université de Vincennes est totalement favorable au respect, à la diversité et à l'inclusivité. Nous prenons très au sérieux l'investigation en cours qui est de la plus haute priorité". L'enquête policière établit en fin de compte que l'incident n'avait en réalité jamais eu lieu, sinon dans l'imagination fertile de l'étudiant.

« La panique fantomatique ne se limite pas au territoire universitaire. En février 2017, la comédienne Sarah Silverman fut traumatisée lorsqu'elle découvrit des signes sur le trottoir qui semblaient figurer un S barré d'une ligne en son milieu. Silverman prit rapidement une photo du trottoir et l'envoya à ses six millions d'abonnés sur Twitter. "Cela semble être un svastika, que faire ?" demanda-t-elle publiquement. Mais il apparut, en fait, qu'aucun nazi mystérieux n'avait tracé de croix gammée sur le trottoir nuitamment. Les signes sur le sol étaient en réalité des instructions à la craie tracées par des employés du bâtiment pour localiser les zones où ils devaient intervenir.

« En septembre 2019, le restaurant d'un ancien joueur de football américain fut vandalisé et couvert de graffitis et de svastikas. Cougham, c'est son nom, appela la compagnie d'assurances pour rapporter l'incident mais lorsque la police arriva, avec trop de vélocité, sur les lieux, ils le prirent la main dans le sac – ou plutôt dans le pot – en découvrant la peinture noire qu'il avait utilisée pour simuler cette "attaque raciste" contre lui-même.

« Douglas Murray rappelle aussi cette fameuse nuit de janvier 2019 au cours de laquelle l'acteur Jussie Smollett raconte qu'il avait été agressé par deux hommes blancs qui l'avaient accablé d'insultes racistes et homophobes. Il ajoute qu'ils l'avaient attaqué physiquement, lui avaient placé une corde autour du cou et l'avaient enduit d'une substance inconnue, tandis qu'il s'agrippait désespérément à son sandwich ! La réaction des plus hautes instances du pays fut caractérisée par une sévère indignation. Kamala Harris, relation de la victime putative, décrivit avec gravité ce qui était arrivé comme “une version contemporaine du lynchage”. L'acteur maintint son scénario les jours qui suivirent, l'agrémentant de nouveaux détails dramatiques. Au cours d'une séance musicale enregistrée une semaine plus tard, il narra à son auditoire bienveillant et compatissant qu'il avait riposté face à ses tortionnaires. Mais lorsque ces racontars prirent fin, une bonne partie de ceux qui l'avaient cru commencèrent à douter. Rien ne collait. Lorsque les enregistrements des caméras de surveillance furent examinés, la police fut en mesure d'appréhender les fameux suprémacistes blancs qui avaient mené cette agression. Il s'agissait de deux frères culturistes nigérians et baraqués, qui n'étaient autre que des relations de Smollett. Il s'avéra que celui-ci avait considéré que cette histoire d'agression raciste et homophobe dont il aurait été la malheureuse victime aurait pu être un bon moyen d'augmenter son cachet sur le tournage d'une émission pour laquelle il s'estimait sous-payé. Les deux frères avaient donc été embauchés pour le rudoyer.

« Le plus intéressant dans cette histoire est de constater à quel point cette affabulation fut avalisée de bon cœur par tout le monde. Kamala Harris, toujours subtile, ne fut pas la dernière à être aisément circonvenue. Ce fut également le cas de dizaines d'Américains de premier plan qui avaient gobé le mensonge goulûment et sans le moindre esprit critique. Le soir suivant, le célèbre animateur Stephen Colbert (rien à voir avec le Code noir) invita une actrice, Ellen Page, à son émission, afin qu'elle pratique l'exégèse de cette mésaventure et disserte sur ses conséquences. Ceci alors même que l'histoire suscitait plus que largement le doute, ce qui était précisément intolérable aux yeux de Page : "Nous avons un débat pour savoir ce qui est arrivé à Smollett. C'est bien un crime de haine." "C'est absurde, ajouta-t-elle en serrant les poings de colère. Il n'y a pas de saloperie de débat". Le public en studio surenchérit en hurlant "Non !" à ce moment. "Désolée, mais je suis vraiment en colère ce soir", ajouta Page. "Non, ne t'excuse pas, surenchérit Colbert. Tu dois être en colère ! Tu dois être en colère !" "On ne peut pas se sentir autrement, en ce moment", conclut Page sous les applaudissements. Ce psychodrame antiraciste se déroula dans le cadre du célèbre *Late Show* de Stephen Colbert le 1er février 2019.

« Le pieux mensonge de la religion woke aura peut-être été inauguré en 2011 par Jonathan Perkins, étudiant en droit de l'université de Virginie, qui inventa une violence policière imaginaire.

« Confondu, il justifiera noblement sa création mensongère par son désir d'attirer l'attention sur les bavures policières. Les universitaires ne lui tinrent donc pas grande rigueur, car les policiers blancs injustement accusés n'appartenaient pas à la caste victimaire.

« Que signifie tout cela, que relatait brillamment Murray en 2022 ? C'est que ces histoires de fantômes blancs racistes, d'agressions factices satisfaisaient l'imaginaire victimaire antiraciste de la société racialiste américaine : il y avait bien des racistes blancs, le Ku Klux Klan faisait un retour en force, les nazis blancs étaient toujours là, les victimes noires en pâtissaient ! Dans la psyché de l'antiracisme devenu fou, le plaisir était orgasmique. On avait envie d'y croire. On y croyait. Et on était en colère que ce ne fût pas vrai. Après l'orgasme du fantasme, la frustration irritée de la réalité détestée.

« Moi qui ne répugne pas à recourir à la psychologie des masses et à l'inconscient collectif, je diagnostiquerais un syndrome collectif de *Münchhausen*. Comme vous le savez, dans cette pathologie l'on feint une maladie afin d'attirer l'attention. Dans notre société victimaire malade, attirer l'attention en se disant victime de racisme, c'est obtenir la palme. Smollett a ainsi bien failli être palmé.

« Quoi qu'il en soit, désormais, nombre de noirs ont définitivement considéré cette honte blanche comme justifiée.

« Certes, ils n'avaient pas attendu pour relever à juste titre la tête : “*Say it loud, I am black and I am proud*”, chantaient-ils déjà pendant les *seventies*. Mais à présent, c'est aux blancs qu'ils font baisser la tête ou mettre un genou en terre. Avec leur consentement.

« Je vais maintenant, juges racisé·e·s, vous apporter la preuve de tous vos errements racistes. »

À ces mots, le moustachu au rictus est déjà sur le pied de guerre.

« Je demande que cessent ces propos insultants ! »

(Hurlements, applaudissements.)

« Ta gueule, la nazie sioniste d'IsraHeil ! La ferme, fille de chien raciste ! » hurla une jolie femme en manteau de renard.

Mais je poursuis avec placidité, tant je suis désormais vaccinée contre la rage humaine :

« Je commencerai par parler des blancs, car tout commence par eux. Ce sont eux, je vous l'ai dit, qui furent les collaborateurs les plus zélés de leur détestation. Et pour le coup, ce sont eux les plus racistes.

« Ainsi, c'est le responsable du prestigieux magazine scientifique *National Geographic* qui se présente ainsi dans sa lettre aux abonnés : "Blanc privilégié ayant beaucoup à apprendre."

« Ainsi, ce sont les blancs de l'American Medical Association (encore des scientifiques théoriquement rationnels) qui ont prescrit de soigner en priorité les non-blancs.

« Ainsi, ce sont les revues scientifiques *The Lancet* et *Nature* qui ont décrété, sans doute scientifiquement, l'existence d'un racisme systémique et se disent encore aujourd'hui solidaires des militants de Black Lives Matter, dont même un article du *Monde*, signé Michel Guerrin, a reconnu le caractère violent et antisémite... tout en continuant à les traiter aimablement. Prévenantes comme jamais, ces revues scientifiques, qui s'étaient prononcées en faveur du confinement le plus strict durant la Covid, firent précisément une exception concernant les manifestations du mouvement BLM...

« Exactement, d'ailleurs, comme la ministre de la Justice, Nicole Belloubet, qui avait autorisé les Traoré à manifester devant le Palais de Justice, également en plein confinement.

« Ainsi, c'est le psychanalyste Donald Moss qui décrit la blanchité comme un parasite. Je ne tracerai aucun parallèle historique, n'entendant pas prendre un point Godwin, mais il est difficile de ne point y succomber.

« Dans un domaine pas si éloigné, c'est le projet 1619 du *New York Times* qui visait à effacer l'année 1776 (date officielle de l'adoption par le Congrès de la Déclaration d'indépendance des treize colonies) et prétendait que l'Amérique était née avec l'esclavage (en 1619 donc, avec l'arrivée des premiers esclaves sur le sol américain). Devant l'effarement des personnes encore mentalement saines à l'époque, le *Times* essaya d'effacer prestement son projet d'effacement.

« Son équivalent télévisuel ne fit pas mieux : l'un de ses correspondants présenta le discours de Donald Trump au mont Rushmore comme prononcé “devant un monument à la gloire de négriers sur un territoire volé aux Indiens”.

« Comme toujours, les entreprises capitalistes sont à la pointe du progrès : Coca-Cola organise ainsi des stages pour être moins blanc. Comme disait Lénine, les capitalistes vendraient des cordes pour se faire pendre.

« Dans le domaine artistique, à présent, l'English Touring Orchestra s'est séparé en septembre 2021, je crois, de quatorze de ses musiciens blancs pour accroître sa diversité. Même *Le Monde*, c'est dire, a reconnu le 17 décembre 2021 que le mouvement visant à “décoloniser” la musique classique frisait “la chasse aux sorcières”. Pap Ndiaye – celui qui déclara que faire violence à un blanc n’est pas raciste, car il appartient au peuple dominant – a classé les noirs en fonction des nuances de leur teint. Il est aussi l’auteur d’un rapport sur commande publique relatif à la diversité au sein de l’Opéra national de Paris en introduction duquel il est écrit que l’opéra européen était le point de vue sublime des dominants du monde : celui d’hommes européens blancs au pouvoir ou proches de lui.

« Je vous assure que certains passages de ce rapport sont lunaires. Les défenseurs de la “diversité mélanique” (*sic*), dont certains sont proches des Indigènes de la République, déplorent que les danseurs “non blancs” recrutés… ne soient pas assez noirs.

« Arlequin serait l’inventeur du *blackface* européen (*blackface light*). Tout déguisement est suspect. La méconnaissance des pratiques de maquillage dans les spectacles de danse est consternante : les rapporteurs ignorent que tous les danseurs de ballet – et évidemment les blancs – se talquent la peau afin de ne pas briller sous la rampe.

« Des liens obscènes sont à plusieurs reprises établis entre le “racisme ordinaire” de l’Opéra et le traitement des Juifs sous l’Occupation.

« Dans une folle foulée furieuse, le musicien d’origine libanaise Ibrahim Maalouf reproche stupidement aux opéras européens une injuste sélection raciale des musiciens. La talentueuse violoniste Zhang Zhang lui rive son clou d'un seul coup d'archet en lui apprenant que leur audition s'opère toujours derrière un rideau sans qu'on puisse connaître l'identité des candidats…

« Et curieusement, personne ne s'interroge sur la diversité en matière d'orchestres de jazz, de blues, de musiques créole ou arabe.

« Le 5 juillet 2023, le théâtre londonien Royal Stratford East interdit l'entrée aux blancs. La pièce *Tumbo & Bones* est réservée à un public "entièrement noir" aux fins de créer un espace "libéré du regard blanc".

« Le 25 juillet 2023, au Festival de progrès d'Avignon, l'actrice noire Rébecca Chaillon embroche les bébés blancs et place ostensiblement les noirs sur des canapés confortables, au rebours des blancs.

« Le magazine de progrès *Télérama* trouve cela "sublime".

« Et à Sciences Po Paris, en octobre 2024, on organise un événement en "non-mixité", interdit aux hommes et aux blancs.

« Selon un article du *Guardian*, à Denver, dans le Colorado, de riches blanches paient 2 500 dollars le cours pour assister à des leçons données par de riches noires, chargées de leur montrer leur racisme et les rabaisser.

« À ce stade de l'humiliation organisée, je veux aborder au sein de la honteuse question blanche un thème interdit : le masochisme. Nul n'a songé à aborder cet aspect sexuel inconscient. Je vais donc m'en faire un devoir. Pas un jour dans un stade où un sportif blanc ne mettait genou à terre dans le sillage de la mort de Floyd.

« Pas un jour sans qu'à l'université ou même dans la rue des blancs soient filmés en train de laver publiquement les pieds des noirs. Le blanc postchrétien lave ainsi ostensiblement ses péchés.

« Un vrai pied…

« Car que penser de cette catégorie particulière de pratiques sexuelles d'humiliation systématique du "cocu blanc", qu'on trouve notamment sur Porn Hub et précisément nommée *white cuckhold*, où l'on voit des femmes blanches possédées sexuellement par un ou plusieurs noirs gâtés par dame Nature, selon ce qui ne tient pas toujours de la légende. Dans ce genre pornographique spécifique, entre en scène un blanc, moqué, à qui il incombe de s'abaisser devant le mâle noir dominant en lui faisant une fellation unilatérale qui, mieux ou pire encore, c'est selon, en nettoyant sa femme blanche. Pardon, citoyen·ne·s-juges, pour ces détails scabreux et dont vous jouissez (j'en suis convaincue !) de l'exclusivité… »

(Dans la foule : Dégueulasse ! Vicelarde ! Obsédée ! J'ai envie de gerber…)

« Comme tu dis, Grosse, tu es la seule pour l'instant à t'abaisser piteusement, s'esclaffe Plainiel avec un rictus satisfait...Tu dois aimer ça ! »

(Nombreux rires et applaudissements.)

« ... Pardon pour ces détails effectivement scabreux, en nettoyant sa femme blanche du liquide séminal octroyé par son noir dominateur. Alors certes, je sais distinguer la part du fantasme à laquelle participe le charme maléfique de la sexualité humaine transgressive, mais j'insiste sur deux points essentiels pour établir que dans ce masochisme particulier, le sexe est politique : il n'existe pas de genre pornographique répertorié inverse, dans lequel ce serait systématiquement un noir qui s'humilierait devant un blanc.

« Il n'en existe pas car cette *black humiliation* d'un cocu noir serait non seulement intolérable idéologiquement, mais également sans intérêt fantasmatique au sein d'une société occidentale victime d'un abaissement psychologique général et unilatéral. Le masochisme du blanc honteux est arrivé : il est non seulement autorisé mais recommandé. Sans qu'on sache si le sexe commande à l'esprit ou l'inverse...

« Mais, à côté, et à la suite de l'abaissement idéologique des blancs honteux, est apparu un racisme antiblanc revendiqué par les noirs et accepté par la société occidentale, très théoriquement antiraciste, pour cause exonératoire absolue des exactions esclavagistes d'antan et du privilège blanc de tous les temps.

« Et regardez bien l'impasse délirante et perverse dans laquelle les blancs sont plongés par eux-mêmes. Lisez donc *Nice Racism* de la sociologue DiAngelo, qui a pour sous-titre *Comment les blancs progressistes perpétuent le préjudice racial* : "Si les blancs sont gentils, c'est pire. Les blancs bien intentionnés sont plus difficiles à combattre."

« Pour en revenir au racisme noir antiblanc, quelques exemples chatoyants :

« Selon l'ouvrage *Antiracist Baby* (2020) du haut en couleur Ibrahim X Kendi, "professeur d'antiracisme" selon *Le Monde*, un bébé peut devenir raciste à partir de 3 mois et ce sont les bébés blancs qui posent problème. Un propos entériné par le département universitaire de l'Arizona.

« Cette phrase est terrible. Imaginez qu'un écrivain blanc aussi célèbre ait proféré une telle ignominie raciste primaire à l'égard des bébés noirs ! Sa vie non seulement sociale mais même physique eût été en danger.

« Il est vrai qu'en France aussi un rappeur noir s'est proposé en chanson d'aller tuer les bébés blancs dans une crèche. Un journaliste du *Monde*, plutôt que de morigéner ce racisme, a préféré me reprocher publiquement de faire la publicité de Nick

Conrad, suivant sans doute la ligne éditoriale de son journal qui garde toujours confidentielles les manifestations de racisme blanc contre les noirs.

« Mais il y a encore pire : en 2017, un étudiant publiait dans le journal de l'université du Texas un texte intitulé "Votre ADN est une abomination" qui se terminait ainsi : "La mort des blancs sera synonyme de libération pour tous… En attendant, souvenez-vous de ceci : je vous déteste parce que vous ne devriez pas exister, vous êtes les dominants de la planète." Après la mort de George Floyd, de tels discours se sont banalisés. C'est ainsi que Britney Cooper, professeure à l'université Rutgers, dans le New Jersey, proclamait en 2021 : "Les blancs sont déterminés à être méchants… Il faut éliminer ces salauds."

« La même année, à Yale, une psychanalyste rêvait de "décharger un revolver dans la tête du moindre blanc qui se mettrait en travers de sa route, d'enterrer les corps et d'essuyer le sang de ses mains tandis qu'elle s'en irait le cœur léger en sautillant".

« Mais ce racisme antiblanc criminel et discriminant est assumé sans risque et hautement. Je cite à nouveau Kendi : "Le seul remède à la discrimination raciste est la discrimination antiraciste. Le seul remède contre la discrimination passée est la discrimination présente. Le seul remède contre la discrimination présente est la discrimination future."

« Ainsi, il était prévisible que nous passerions inévitablement de la discrimination raciale positive nocive (et annulée par la Cour suprême américaine) à cet appel à la discrimination négative. D'ailleurs, le mot même de "discrimination" est intolérable et n'aurait jamais dû être toléré.

« Messieurs les juges, en vérité je vous le dis, votre racialisme est un racisme. Et d'autant plus insupportable qu'au moment où il s'instaurait le racisme antinoir était résiduel. Certes, et pour paraphraser Tocqueville, c'est dans les derniers moments de l'intolérance que celle-ci devient la plus intolérable. Il n'en demeure pas moins que le racisme est arrivé partout au moment où il n'était presque plus nulle part.

« Alors, retournons à ce racisme noir antiblanc qui passe crème : écoutez notre compatriote, une universitaire militante, Maboula Soumahoro, plus militante qu'universitaire : "L'homme blanc [...] ne peut pas être antiraciste, et à mes yeux, il ne peut pas avoir raison contre une noire et une Arabe. Il ne peut pas, ce n'est pas possible. Et ça, il va falloir que la France s'en rende compte."

« Au passage, vous remarquerez que, nonobstant l'esclavagisme arabo-islamique, plus long et plus cruel que la traite transatlantique – et qui, lui, perdure –, les Arabes sont dans le bon camp. Ce n'est pas grave si, en arabe, le mot *abid* signifie à la fois "noir" et "esclave". Ou si, en Tunisie, en Algérie ou en Arabie saoudite, le racisme assassin contre les migrants noirs s'est déchainé sans freins… »

(La foule : Menteuse ! Ordure ! Raciste blanche ! Sioniste ! Israheil ! Judéonazie ! Enculée de ta mère la pute !)

« Mais, apparemment, seul le mal blanc est salissant…

« Vous pouvez toujours hurler, personne ne m'empêchera de vous dire que l'une des manifestations les plus ignobles du racisme antiblanc – d'autant plus ignoble qu'elle passa crème – fut cette loi Taubira qui réprime la négation de la traite transatlantique mais non celle de la traite arabo-islamique ! Et quand on en demanda raison à sa conceptrice, la dame osa répondre à *L'Express* "qu'il convenait de ne pas désespérer les jeunes des quartiers"… Il n'y a pas plus raciste que cet antiracisme à sens inique.

« La culpabilité héréditaire, c'est seulement pour les enfants blancs.

« C'est ainsi encore que la journaliste afro-américaine Otegha Uwagba a écrit sur ces sales blancs. Elle se plaint de ne pouvoir parler d'autre chose que du racisme blanc. Elle se plaint lorsque ses amis blancs ne lui demandent pas comment elle va. Mais se plaint aussi lorsque les mêmes lui demandent comment elle va… J'accuse donc ce système racialiste d'être non seulement raciste, mais encore démentiel au sens psychiatrique du terme.

« Passé la sidération sidérante d'avoir vu la société occidentale, malade de la honte, accepter sans mot dire, et encore moins le maudire, qu'un crétin nommé Michael Moore publie *Stupid White Man* (*Crétin de blanc*) en 2001 avec un chapitre intitulé "Tuons les blancos", il devenait mortellement cohérent qu'une foule majoritairement blanche applaudisse Jimmy Fallon en 2021, lorsque l'animateur vedette de NBC annonça triomphalement que depuis l'année précédente, et pour la première fois, le nombre de blancs avait diminué.

« Masochiste, suicidaire : donc folle à lier.

« À voir vos visages outrés et celui de votre procureur adjoint ulcéré, je vais devoir vous administrer la preuve de la folie suicidaire collective qui s'est emparée de notre société et vient de triompher. Quand bien même, je sais bien que vous me condamnerez…

– Alors à quoi bon nous infliger vos pauvretés ? C'est vous qui êtes bonne à enfermer, éructe magistralement le procureur moustachu, satisfait de son bon mot salué par la foule.

– … Pour mon honneur et celui de l'humanité, figurez-vous ! (Dans un élan de grandiloquence qui me surprit moi la première.) Pour le reste, je suis déjà enfermée chez les fous… »

(Hou ! Hou ! Hurlements et vociférations diverses autant qu'inaudibles ou incompréhensibles.)

« Je veux ici à présent honorer les victimes de cette dangereuse folie qui se manifeste par la déraison antiscientifique et la falsification historique.

« Je veux honorer les victimes noires du racialisme raciste : considérer que le noir est moins brillant parce que le blanc l'aurait écrasé, moins doué pour l'objectivité à l'occidentale est en fait un nouveau racisme. Remarquez ce racisme involontaire remarquable : selon le Musée national de Washington de la Culture afro-américaine, des qualités comme la ponctualité, le sens de la distinction entre la cause et l'effet, la logique, la pensée rationnelle, le respect de l'autorité seraient des manifestations pernicieuses de la “blanchité” dont il conviendrait donc de se laver.

« À ce stade, je veux rendre hommage à ces scientifiques noirs remarquables qui ne s'en laissent pas conter sur les mathématiques et qui sont révoltés par ceux qui édictent que la logique, la ponctualité, l'esprit mathématique seraient des valeurs blanches et donc pernicieuses.

« Comme disait Orwell, la liberté, c'est la liberté de dire que deux et deux font quatre. Lorsque cela est accordé, le reste suit. Mais il semblerait qu'à présent nous soyons revenus en 1984.

« Et je veux enfin saluer le grand Morgan Freeman, qui a tout dit : “Ne vous adressez pas à moi comme à un noir et je ne vous répondrai pas comme à un blanc.”

« À ce stade de libération de ma propre parole, je vais me lâcher, puisqu'il paraît que les blancs progressistes bien intentionnés sont les pires, je vais donc faire dans le meilleur.

« Vous incriminez les policiers américains pour avoir tué plus de noirs que de blancs, mais vous ne relevez pas que la moitié des homicides perpétrés, y compris sur des noirs, sont commis par ces derniers, bien au-delà de leur proportion dans la population. Alors je vais donc me laisser aller à un aveu indicible : si je me promène la nuit dans Central Park, je préfère croiser une vieille dame blanche de 90 ans plutôt qu'un jeune noir en capuche de 25. C'est mal ? Pas plus mal que le sénateur noir, militant radical de sa propre cause, Jessie Jackson, qui confiait : “Si je vois quelqu'un de blanc, je me sens soulagé.” Maintenant donnez-moi toutes les explications sociales à 10 cents si ça vous soulage. Voilà, c'est dit.

« Pour conclure, j'affirme que votre obsession chromatique, votre culte du privilège inversé (comme le dit mon ami Michel Auffray, lui aussi enfermé ici, "le racisme antiblanc, c'est l'autre nom du privilège noir"), votre religion victimaire, votre mise en cause d'une race par voie héréditaire, a produit le système raciste le plus pernicieux depuis le nazisme. Le plus pervers, car Hitler assumait son racisme tandis que vous le niez. Un système tellement intimidant psychologiquement que même certains critiques les plus féroces du gauchisme, du racialisme, de la théorie de la race comme, par exemple, Pluckrose, hésitent encore à décrire noir sur blanc le racisme antiblanc. Dans l'espace médiatique insensé où sévit un terrorisme intellectuel effréné, le simple fait d'évoquer le racisme antiblanc est considéré comme consubstantiellement raciste.

« Ce fut, par exemple, l'antienne de vos amis de SOS Racisme. Je vous ai aussi apporté l'exemplaire d'un tract produit par l'UNEF. Je vous le montre et le lis : "Le racisme antiblanc n'existe pas. C'est un concept inventé par l'extrême droite en réponse à l'émergence du mouvement antiraciste en France. Le racisme se vit au quotidien, il nous affecte à chaque instant de notre vie, au travail, dans nos études, dans la rue… Il est le produit d'une norme sociale qui nous est imposée."

« La présidente de l'UNEF qui sévissait à l'époque de ce visuel était voilée. Aujourd'hui encore, l'organisation estudiantine organise des camps interdits aux blancs.

« Donc je dis et répète cette triste réalité interdite trois fois : racisme antiblanc, racisme antiblanc, racisme antiblanc...

(Un blanc aux cheveux verts dans la foule : mâle raciste blanc !)

« Et je dédie ma plaidoirie à Brett Weinstein, professeur de biologie à l'université d'Evergreen. Sanctionné et traîné dans la boue par des étudiants, des collègues, une administration, des médias pour avoir osé refuser une "Journée sans blancs".

« Vous aurez réussi à faire prendre conscience aux blancs d'une couleur qu'ils avaient effacée.

« J'aurais tellement mieux aimé demeurer daltonien ! Je ne dirai pas : *Say it loud. I am white and I am proud*. Je dirai plus simplement : *I am white and I am not ashamed*.

« Voilà, j'ai terminé, juges racisé·e·s, à moins que vous ne préfériez que je me répète encore une fois.

– Tu t'es suffisamment répétée, extrême facho raciste, tu n'échapperas pas à ton destin », s'esclaffe l'homme au rictus sous sa moustache.

C'est désormais le seul qui se montrait encore passionné. Tous les autres, lassés, sont soudain étrangement indifférents. Paradoxal à son insu, avec sa haine inhumaine, c'est le dernier des humains.

Cette haine me réchauffe, sinon le cœur, du moins les tripes. Seule sa détestation me donne de l'ardeur.

« Mon destin, c'est d'être en accord avec mon passé. Mon futur m'indiffère. Faites de moi ce que vous voulez.

– Le tribunal pluriel de Justice équitable se retire pour délibérer », déclare la juge transhomme avec neutralité.

Vingt minutes plus tard, ce 20 du mois de Marx, je suis condamnée, sous les applaudissements, à une peine de deux ans de déconstruction mentale ainsi qu'au bénéfice complémentaire d'un an de reconstruction culturelle et morale. La sanction est assortie de la radiation en séance publique de ma qualité d'avocate.

Le rictus à la moustache de Joseph Djougachvili exulte sous les bravi tandis que, conspuée sous les lazzis, je suis traitée de nazie.

6.
Transe Inter,
Libération du Monde

Note en délibéré

Monsieur le président de la Cour de Justice équitable, lors de ma plaidoirie pro domo, *le public et vous-même avez cru devoir m'interrompre alors que j'abordais ce privilège rouge, qu'il est décidément interdit d'évoquer. Je vais donc, ne vous en déplaise, poursuivre mon propos interrompu par la clameur et la justice publiques dans le cadre de cette présente note en délibéré.*

Ma peine ayant déjà été prononcée, et n'ayant aucune intention d'en interjeter appel, ladite note ne vous est adressée que pour la seule moralité des débats et la postérité. Pour autant qu'elles existent.

Dans les derniers moments de ma vie intellectuelle à l'air libre et avant la prise de pouvoir par La Transe insoumise, j'avais voulu faire un sort à ce privilège qui explique hélas grandement ce qui est advenu. J'étais de ceux qui pensaient que nous vivions déjà dans un monde dangereusement absurde. Je pointais depuis longtemps la responsabilité de l'extrême gauche politique, médiatique et sociétale. Le wokisme, dont vous niez l'existence, devrait tout simplement se nommer pour plus de clarté : idéologie de la culture victimaire sélective. J'écrivais en 2023 qu'il était en passe de transformer le monde en hôpital psychiatrique.

Une des raisons qui font la puissance de cette extrême gauche repose sur la large impunité morale, et donc judiciaire, dont elle jouit.

Oui, j'affirme qu'il existe un privilège d'extrême gauche. Ou, pour donner une image chromatique, j'affirme que s'il n'existe plus de privilège blanc, ne vous en déplaise, Monsieur le président, il existe bel et bien ce que j'ai baptisé un privilège rouge.

Quelques exemples me permettront, dans plusieurs thématiques, de colorer ma thèse.

Au commencement était le Verbe. Dans le domaine lexical, le privilège est étincelant et je l'ai souligné souvent : si l'extrême droite est constamment appelée par son nom – y compris pour discréditer des personnes qui ne se reconnaissent pas dans cette appellation peu décorative –, l'extrême gauche est utilisée de manière rarissime pour localiser un groupe ou une personnalité politique.

C'est ainsi qu'avant votre prise de pouvoir il était obligatoire de localiser le Rassemblement National et Reconquête à l'extrême droite, mais l'on se gardait de situer les Insoumis à l'extrême gauche. Par un phénomène physique étrange, le bâton politique n'avait qu'une seule extrémité et c'était grand privilège de n'être pas extrémisé.

S'il y avait une fâcheuse sphère aujourd'hui interdite, il n'existait pas de bolchosphère ou d'islamosphère dans le champ lexical médiatique.

Autre domaine dans lequel le privilège rouge sévit depuis toujours : le regard historique. La cause – ou la conséquence – réside principalement dans le fait, comme je le disais avant d'être interrompue, qu'il n'y a pas eu de Nuremberg du communisme. Par conséquent, le Français ignore que le journal L'Humanité *a publié en juin 1940, avec l'accord de la Kommandantur, une édition souhaitant la bienvenue aux soldats d'occupation allemands. Et dans laquelle on insultait « Juif Blum » et « Juif Mandel ». Il ignore que le PCF avait organisé des actions de sabotage des usines françaises d'armement, à la suite du pacte germano-soviétique, approuvé chaleureusement par la direction française du Parti.*

Une bienveillante amnésie épargne encore largement aujourd'hui L'Humanité *pour sa une éplorée du 6 mars 1953 consacrée à la disparition du « Grand Staline », avant tout grand fossoyeur devant l'humanité.*

On comparera, par esprit de parallélisme, avec cette hypermnésie frappant encore aujourd'hui « l'extrême droite », dont les héritiers très putatifs sont encore considérés comme complices moraux de la collaboration et, dont certains d'ailleurs, m'a-t-on dit, résident actuellement dans notre Centre du Bien.

Par ailleurs, concernant la guerre civile espagnole, Thierry Wolton a montré dans ses livres comment, en matière d'exactions, la cruelle soldatesque phalangiste a peu à envier aux troupes anarcho-trotskystes qui massa-

craient les prêtres. Franco a été jugé sévèrement, et justement, par l'Histoire. Mais ses adversaires d'extrême gauche ont été bêtement béatifiés.

De même, les époux Rosenberg, qui livrèrent le secret de la bombe atomique à l'URSS, furent tenus pour innocents et victimes de l'antisémitisme de la justice américaine, grâce à une campagne internationale des partis communistes, avant que leur propre petit-fils reconnaisse leur culpabilité. Jamais non plus Pierre Goldman n'eût été acquitté s'il n'avait été un Juif polonais né en France, d'extrême gauche et soutenu par l'intelligentsia. Son principal témoin à décharge reconnut plus tard qu'il avait menti.

Je ne m'attends pas à la même clémence.

Autre domaine d'application de la règle obligatoire du deux poids, deux mesures entraînant un privilège indu : le terrorisme. À l'instar du militant extrémiste palestinien qui, pour des raisons voisines, n'est appelé qu'avec réticence par son nom quand bien même il émane d'organisations classées officiellement terroristes, le terroriste italien est souvent innommé. Quand il est d'extrême gauche.

Ainsi, Le Monde *ne le qualifie pas de « terroriste » mais de « militant ». On pourrait aussi parler des anciens membres des Brigades rouges réclamés à l'époque par la justice démocratique italienne pour qu'ils répondent de leurs crimes, et que vous avez à présent non seulement amnistiés mais encore pensionnés. En dehors de la délicate pudeur de ne pas les appeler par leur nom, une prévenance particulière les entourait déjà. C'est ainsi que leur intégration, plutôt que leur fuite, était mise en avant. Cesare Battisti était reconnu innocent par le milieu intellectuel médiatique parisien jusqu'à ce qu'il reconnaisse sa culpabilité, en confiant qu'il n'avait pas eu à beaucoup se forcer en comptant sur sa seule mine. Une mine écarlate, sans nul doute.*

De même pour mon confrère allemand Klaus Kroissant, accusé de terrorisme pour la Fraction Armée rouge, que les pétitions outragées dans Le Monde *tenaient pour innocent. Avant que les archives du KGB déclassifiées après la chute de l'Union soviétique ne confirment qu'il émargeait bien dans les comptes de la Centrale. Cette révélation fut traitée avec une délicate discrétion.*

Sans vouloir vous offusquer, vos militants antifas aujourd'hui embrigadés dans votre armée arc-en ciel étaient traités avec moins de rudesse médiatique que ceux de l'ultradroite, accusés fantasmatiquement par Libération *en 2023 d'avoir commis « des pogroms » au lendemain du match France-Maroc. Qui n'existèrent que dans son antifascisme d'opérette imaginaire.*

Je ne saurais oublier dans ce panorama infini sur le privilège rouge la responsabilité asymétrique des intellectuels.

Jules Guesde put pratiquer l'antisémitisme ouvrier et tenir Dreyfus pour coupable plus aisément que Charles Maurras.

Le 15 août 2023, la gauche extrême s'émut que Le Figaro *ait pu publier un article balancé sur l'antisémite Barrès, alors qu'elle continue de vénérer le tout aussi antisémite Jaurès. Au second, le jardin d'Éden, au premier les flammes de l'enfer...*

J'écris depuis bien longtemps que l'antisémitisme d'extrême gauche passe aisément. Ce n'est pas la peine de le prouver longuement à l'heure où triomphe l'antisionisme propalestinien d'Insoumis critiques pour et envers l'État juif uniquement, et tendres pour et envers l'islamisme radical. Je me souviens que Sonia Devillers, de France Inter, avait reçu le 9 juin 2023 l'intellectuel palestinien, au demeurant fort estimable, Elias Sanbar. L'animatrice de la station antiraciste et subventionnée a cru devoir dire sans réserve son admiration pour Jean Genet, « l'écrivain merveilleux ». Dame Devillers, qui officie aujourd'hui sur Transe Inter, eût été bien inspirée de réécouter l'émission littéraire de France Culture en date du 5 août 2020 intitulée « Jean Genet, une vie de transgression ». « Insaisissable, équivoque, Genet entretient aussi avec les Juifs une relation trouble, qui flirte avec l'antisémitisme. » Ou de relire *Le Monde* du 31 janvier 2003 : « La figure du Juif, absente de *Pompes funèbres*, va dès lors prendre toute sa signification et l'antisémitisme de jeunesse se déployer selon ses lois propres. »

La fascination admirative de Genet pour les jeunes et beaux officiers nazis a été documentée et n'a rien de bien merveilleux. Vous voudrez bien ne pas tenir ce rappel historique pour homophobe.

Il faut dire que Madame Sonia n'est pas farouche puisqu'elle n'avait pas hésité au préalable à recevoir le responsable de la Fabrique, éditeur de Houria Bouteldja, antisémite et antiblanc assumée.

J'oubliais que celle-ci est aujourd'hui ministre de la Culture décoloniale du gouvernement de La Transe insoumise.

L'antisémitisme d'extrême droite est regardé, lui, sans bienveillance aucune, et c'est heureux.

Il n'empêche, à l'heure des couteaux islamistes sanglants et de l'antisionisme virulent, le privilège rouge, ici encore, est aussi dangereusement intolérable que toléré ouvertement.

Sartre aura pu donner des leçons de morale d'engagement politique tout en vivant confortablement pendant l'Occupation. Dans sa préface des Damnés de la terre *de Frantz Fanon, il put impunément justifier l'assassinat de blancs en Algérie.*

Plus près de nous, Edwy Plenel, sous alias, a justifié l'assassinat de sportifs juifs lors des JO de Munich, à trente kilomètres de Dachau. Cela n'empêchait pas le même, au micro de France Culture le 11 mars 2023, d'appeler fièrement à la vigilance et de considérer qu'on ne pouvait discuter avec l'extrême droite infréquentable.

Vous comparerez son sort de millionnaire comblé avec celui de Richard Millet, coupable d'avoir osé confesser qu'il ne se sentait pas en sécurité dans le métropolitain cosmopolite parisien. Pour ce crime inexpiable, ce responsable important d'une maison d'édition fut condamné à la mort sociale. Une pétition d'intellectuels de gauche, menée par votre chère amie Annie Ernaux, si éprise de liberté, fut diligentée avec le succès que l'on sait.

Les curés sont traités très différemment en fonction de leur couleur politique. Ainsi, Mgr Barbarin, primat des Gaules, de tendance conservatrice, aura été martyrisé par la presse comme par la justice jusqu'au bout pour non-dénonciation d'un délit commis par un prêtre et prescrit, avant que d'être relaxé. En revanche, Mgr Gaillot, ecclésiastique rouge vif et chouchou de Libération, *sera mort tranquillement dans son lit sans jamais être inquiété ni judiciairement ni même médiatiquement. Il est vrai qu'il s'était contenté de faire venir du Canada, en pleine connaissance de cause, un prêtre pédophile déjà condamné dans son pays...*

Il lui confia sans barguigner un diocèse où le curé put reprendre ses activités criminelles sur des enfants, avant que d'être à nouveau condamné, cette fois par la justice française. Je ne sais si l'homme si généreux en paroles était en paix avec son étrange conscience. Il n'aura désormais à rendre de comptes qu'à Dieu, dont on ne sait s'il sera aussi miséricordieux.

Même chose pour l'abbé Pierre, dont les langues de sept accusatrices ne se délièrent que plusieurs décennies après son trépas. Mais il n'était plus là pour se défendre contre le réquisitoire de Caroline de Haas qui considère que deux hommes sur trois sont des prédateurs sexuels. La même fut moins vigilante quand elle coprésidait l'UNEF et qu'elle n'y constata pas les nombreuses agressions commises envers les étudiantes encartées.

Elle refusa aussi de sévir contre les agresseurs de la porte de la Chapelle et préféra qu'on y élargisse les trottoirs. MeToo, c'est bon que pour les cathos. C'est sans doute encore le privilège ecclésiastique rouge qui protégea l'abbé Henri Grouès dit Pierre de son vivant. Il soutint impunément le négationniste communiste Garaudy que je fis condamner. Je ne l'aimais guère mais qu'il repose en paix.

Dans les affaires de violences faites aux femmes, l'on ruine la réputation de malheureux dont le nom est jeté en pâture publique sur la base d'accusations non avérées et avant même toute mise en examen. En revanche, nul ne dit que Thomas Piketty, économiste d'extrême gauche et chroniqueur au Monde *comme sur France Inter, a reconnu avoir violenté son ancienne compagne, Aurélie Filippetti.*

Pour l'anecdote pittoresque, je mentionnerai également, à la suite de mon cher Pierre-André Taguieff dans son livre sur le wokisme, la philosophe trans-homme espagnole Paul B. Preciado, ex-Béatriz, figure du gauchisme et de La Transe insoumise. Cette dernière a considéré dans un article paru dans Libération *le 30 novembre 2020 que « l'hétérosexualité est dangereuse » et que « pour l'émancipation des femmes et des hommes, il faut se libérer de l'hétérosexualité ». Cette hétérophobie n'a pas portée à son débit.*

Il vous faut bien comprendre que ce privilège pourpre et l'impunité qu'il confère s'appuient sur un négationnisme idéologique invétéré qui méprise dédaigneusement la gênante vérité : le Goulag a été nié, comme l'immigration par ailleurs irréversible, comme l'insécurité fantasmatique, comme l'islamo-gauchisme, comme l'antisémitisme islamique, comme évidemment le wokisme.

En revanche, l'antiwokisme est un indéniable danger.

Le privilège rouge a rendu le monde insensé.

Veuillez croire, Monsieur le Président de la Cour de Justice équitable, en ma respectueuse et déférente considération.

Accusée Grossenadelle. Bâtiment Louis-Brouillard, Centre du Bien.

~

27 Chavez, Transe Inter : ouverture des jeux Olympiques dans la République postnationale de La Transe insoumise. Paul Paute, journaliste de la radio de sévices publics monopolistique s'enthousiasme à propos de la scène de la Cène sur la Seine campée par des sirènes. Ce journaliste, ordinairement abolitionniste, apprécie beaucoup la séquence de la décapitation de Marie-Antoinette tenant dedans ses mains sa tête ensanglantée. En revanche, la République islamique autonome et démocratique refuse d'accueillir sur son sol les spectacles queer. Le commentateur transfemme dit comprendre et respecter cette pudeur. Bien que puissance invitante, la France postnationale ne participera à aucune épreuve sportive pour cause de ségrégation sexiste. Le comité olympique post-français entièrement renouvelé prônant la mixité dans toutes les épreuves.

30 Chavez, Transe Inter : « L'entité sioniste a lâchement assassiné le chef politique modéré du Hamas, Ismael Hanyé. » Muzna S., la femme de Benjamin B., rédacteur du *Monde libéré* chargé du Proche-Orient, est interviewée par la radio unique de service public. Après avoir loué les qualités humaines d'Ismael Hanyé, elle prie l'Éternel de bien vouloir bénir son âme. La journaliste qui l'interroge ne peut retenir ses larmes. Une chan-

teuse orientale entame une mélopée qui m'émeut moi-même.

Premier du mois de Boumediene, Transe Inter, boxe féminine olympique : un intersexe algérien avec chromosomes mâles XY élimine brillamment par blessure son adversaire italienne en quarante-six secondes. La journaliste féministe de sévices publics proteste contre les bas du front qui voient une autorisation donnée à un homme de mettre une trempe à une femme en toute légalité. Elle affirme qu'il n'existe aucune preuve que les hommes soient plus forts que les femmes et n'y voit qu'un préjugé sexiste. C'est vrai, ça, les poids plumes dérouillent régulièrement les poids lourds.

3 Boumediene, Transe Inter : un coureur de Hay se voit reprocher des tweets racistes et homophobes. *Le Monde libéré* publie l'article à l'encre sympathique. Il portait ce brassard rouge qui permet d'obtenir le pardon automatique.

4 Boumediene, Transe Inter : l'armée sioniste a bombardé une école à Gaza. Le Hamas indique qu'il y a 72 morts dont 84 enfants. L'entité sioniste prétend que des terroristes se cachaient dans l'école. Impossible puisqu'il n'y a pas de terroristes au Hamas, ce qui est officiellement confirmé par l'AFP (Agence France Palestine).

~

Radiation dans la basse-cour

J'avoue n'avoir pas très bien compris pour quelle raison la Haute Cour a décidé de me radier dans la basse-cour puisque je l'étais déjà par décision de mon ordre, celui-ci ayant lui aussi fait allégeance au nouveau pouvoir. Cela relève d'ailleurs de la tradition, puisque, de tout temps, cet ordre, y compris durant l'Occupation, a collaboré avec le pouvoir en place.

Les Ordres adorent recevoir des ordres. Et les avocats, surtout ceux de la dernière génération, sont du conformisme le plus conforme. Autrement dit, à de rares exceptions près qui font honneur à leur robe, les jeunes avocats sont de vieux gauchistes. Pour ne pas déroger à la triste règle actuelle, leur niveau est médiocre, comme celui des magistrats, des journalistes et des plombiers zingueurs. Encore que pour ce dernier métier, je maîtrise moins mon sujet. S'agissant des magistrats, et à quelques exceptions près, ils se moquent à présent de respecter les règles juridiques, préférant suivre les règles de leur conception toute personnelle de l'équité. Je m'étais promis d'écrire un jour : « Comment j'ai vu mourir la justice française. » Je crains de respecter ici et maintenant cette promesse à la lettre. Une chose est certaine, avant même que n'arrive au pouvoir notre

Transe insoumise, n'existait déjà plus de sécurité juridique. L'appareil judiciaire frappé de thrombose, d'idéologie, parfois de paresse de gens qui n'ont de comptes à rendre à personne, de la baisse du niveau je l'ai dit, avait eu raison d'elle.

C'est dire à quel point peu me souciait de me voir frapper d'indignité par un pouvoir indigne.

C'est dans cet état d'esprit qu'un certain matin du mois de Boumediene, dedans la basse-cour, dans la chaleur moite, le nouveau bâtonnier de l'ordre des avocats, accompagné de l'inévitable Plainiel, extatique, et d'une représentante du Syndicat de la magistrature du Mur des étrons devant une foule éructant, prononce cette parole inoubliable : « Condamnée Grossenadelle, tu n'es plus digne de notre robe. Ni de notre hermine, ni de notre jabot. Tu es radiée à vie. » Tout le monde applaudit. Un avocat noir avec un plaisir jubilatoire brûle une robe noire sous les vivats. Je me surpris à penser à Dreyfus dégradé et puis je me repris. Dreyfus aimait l'armée. Je n'aimais pas mon ordre. J'aime trop la Justice.

3 Boumediene, Transe Inter : Amsterdam. La statue d'Anne Frank vient d'être profanée pour la seconde fois. Le slogan *Free Palestine* a été inscrit sur le monument avec de la peinture rouge. La radio publique, malgré la couleur et le slogan, y voit la main noire de l'extrême droite.

C'est un 3 août, petite Anne, que tu avais achevé ton journal il y a quatre-vingts ans. Il est normal que je t'évoque dans le mien. Entre diaristes, on se serre les coudes.

Tu verras un jour que des porcs courseront des Juifs dans ta ville d'Amsterdam et que Transe Inter n'en fera pas un drame.

~

4 Boumediene, Transe Inter : à Toulouse, une femme, déjà condamnée pour violences conjugales, a poignardé à mort son conjoint. Aucun rapport bien sûr avec mon procès à venir.

11 Boumediene, Transe Inter : manifestations racistes en Grande-Bretagne contre l'immigration islamique qui apporte du sang neuf racisé à un peuple fin de race. Gloire aux antiracistes qui leur ont donné une bonne leçon ! Le grand Jeremy Corbyn en tête de cortège.

~

Me revient à l'esprit, dans ma cellule de verre, le souvenir des petites filles de la classe ouvrière blanche de Telford, en Angleterre, violées et parfois assassinées par des membres de gangs pakistanais. La police anglaise avait fermé les yeux de peur d'être taxée de racisme. Les canards progressistes façon *Guardian* ont fait l'autruche. C'est ce qui explique sans doute l'exaspération d'aujourd'hui. J'en avais fait un article en mars 2018 dans *Le Figaro*. Je l'avais oublié moi-même. Comment voulez-vous que les autres s'en souviennent ? Je crois que son titre était : « Le racisme antiblanc entraîne l'omerta médiatique. » Quand je dis que le déni des viols et des assassinats dans les kibboutzim tient plus du racisme antiblanc que de l'antisémitisme classique…

Les Juives sont des super-blanches et les Arabes du Hamas, qui les ont violées, ne sont pas des mâles blancs et ne sauraient être détestables et encore moins détestés.

7.
Dans le cabinet d'instruction de Sardine Ruisseau

Trois bons mois se sont écoulés. J'ai stabilisé mon poids autour de cent trente kilos. Il ne s'agit pas d'un régime diététique drastique de ma part mais de l'ordinaire de la nourriture qui est désormais sévèrement rationnée à titre punitif. Il n'empêche que je suis désormais podagre et marche avec difficulté.

Un mardi, jour du riz, une femme pénètre sans y être conviée dans ma cellule de verre.

Un homme noir, vêtu de noir, la suit à distance respectable.

Sans me donner le bonjour, elle s'annonce ainsi : « Je suis la juge d'instruction Sardine Ruisseau. M. Jaidot est mon greffier. Je suis venue te signifier une mise en accusation et recueillir tes premières explications. À la suite de quoi, et conformément à la nouvelle procédure pénale équitable, je déciderai en conscience s'il convient de te renvoyer devant le tribunal spécial. »

Le tout dit avec le même faux sourire et vrai rictus que son collègue Plainiel.

« Monsieur le greffier, veuillez, je vous prie, prendre note des incriminations suivantes :

« Premier grief. Le sieur genré Gronadel, blanc privilégié, est poursuivi pour avoir, à Paris en temps non prescrit parce qu'imprescriptible, adopté une attitude inappropriée, dégradante et à caractère harcelant envers Mme Mandarine Panneau, conformément à l'article 69 du Nouveau Code de procédure pénale équitable. Celle-ci a dénoncé les faits auprès de la Sexion Spéciale. Cette attitude particulière étant directement issue de sa propension générale à avoir promu intellectuellement et médiatiquement la culture du viol.

« Deuxième grief, découlant du premier : le sieur Gronadel est accusé d'avoir tenu de multiples propos masculinistes, homophobes et transphobes lors d'émissions de télévision de la chaîne privée de triste mémoire progressiste Des Niouzes, depuis interdite par décret motivé et irrévocable de la ministre de la Culture du gouvernement de La Transe insoumise.

« Troisième grief, tu t'es opposé au droit à l'avortement.

« En ce qui concerne le premier grief, as-tu des observations ?

– Tout d'abord, je dois vous faire remarquer que vous insultez mon sexe qui est aussi le vôtre. Vous semblez faire fi de ma transition dûment consignée au registre de l'état civil.

– Je considère tout d'abord que tu as commis ces faits incriminés en tant qu'homme. Par conséquent, je te préviens que tu seras déchu·e du droit à la féminité à titre rétroactif si ta culpabilité est avérée.

– Madame le juge, comment votre greffier a-t-il orthographié le mot *déchu* dans son procès-verbal, s'il vous plaît ?

– D'abord, c'est Madame la jugesse, ensuite je te signale que le greffier Jaidot, que j'ai déconstruit personnellement, écrit en écriture inclusive, évidemment. » (À ces mots, le greffier rougit de plaisir.) « Toutefois, pour donner suite à ton observation, je veux bien, pour le moment, te considérer dans ta fluidité. Greffier, vous voudrez bien le noter !

– Mais iel est un homme ou une femme à la fin ? demande le greffier légèrement interloqué.

– Pour le moment iel est neutre, répond la jugesse, légèrement excédée.

– Je m'appelle Ghislaine ! Je ne sors pas de là ! Nous sommes sœurs d'infortune ! observé-je avec une véhémence à peine surjouée.

– Ghislaine-Ghislain, tu ne t'en tireras pas avec des arguties, j'attends que tu répondes au grief premier !

– J'ai dû rencontrer votre Mandarine Panneau, membre de La Transe insoumise, quatre ou cinq fois lors de débats télévisés d'avant l'ère éveillée. J'ai toujours été d'une parfaite correction.

– Elle indique que tes regards appuyés étaient déshabillants et malaisants. Elle se plaint donc de micro-agressions.

– Et c'est tout ?

– Non, elle t'accuse de l'avoir serrée de très près en l'embrassant et de lui avoir frôlé les fesses.

– Je le conteste fermement. Nous nous faisions hypocritement la bise, par stupides mondanités médiatiques, et elle aussi me serrait. Quant à la main au cul, c'est un mensonge mythomaniaque ou politique, un fantasme ou une vantardise. J'ajoute, très surabondamment, qu'elle me déplaît souverainement physiquement.

– Reste correct ! Quant à tes contestations insultantes, elles sont particulièrement inopérantes. Tu sembles oublier que depuis l'entrée en application du Code de procédure pénale équitable, la parole des femmes est réputée sacrée, sauf contre-preuve formelle absolue.

– Je ne puis évidemment apporter une preuve négative. En ce qui concerne mon regard "déshabillant", je ne puis rien contre votre nouvelle religion qui me rappelle la Sainte Inquisition : "Quiconque regarde une femme et la convoite a déjà commis un adultère avec elle dans son cœur" (Matthieu 5, 28.). Ainsi parle l'Évangile néoféministe selon saint Matthieu... Sauf, encore une fois, qu'elle ne m'inspirait aucune convoitise particul... Oh, et puis merde ! Je suis à vos yeux un mâle blanc dominant hétérosexuel cisgenre, raison pour laquelle j'ai tort. Je suis le Mal blanc incarné ! Je reconnais avoir tenté de vous berner. Je suis un homme avec une belle paire de couilles ! »

À ce moment énervé précis, aussitôt regretté, pénètre dans la chambrette Maîtresse Hesse, plus belle et essoufflée que jamais, qui déclare à la juge :

« Excusez mon retard, Madame la jugesse, j'étais au Palais de Justice équitable pour défendre un cas indéfendable.

– Je vous en prie, Maîtresse Hesse, j'ai moi-même tardé à vous faire mander.

– Je ne voudrais pas déranger, interviens-je, mais je rappelle que si je n'ai pas pu récuser l'excellente Maîtresse, j'ai déjà indiqué vouloir assurer ma défense moi-même plutôt que d'être défendue indéfendablement.

– Accusé Gronadel, tu n'as rien à dire !

– Je vous en prie, appelez-moi Ghislaine.

– Bien, fait la jugesse, feignant de ne rien entendre, reprends tes explications.

– Je vous disais que les accusations de Mandarine Panneau sont mensongères mais apparemment sacrées. En désespoir de cause perdue d'avance, et pour la seule moralité des ébats, je vous opposerai une jurisprudence personnelle que vous pourrez vérifier aisément au greffe de la cour d'appel de Versailles dans un contentieux G /dame K. J'ai été en effet contraint de faire condamner définitivement pour harcèlement l'épouse d'un mien client qui, par vengeance, avait porté des accusations mensongères contre moi. À l'origine, son mari, riche médecin pour lequel j'avais gagné des procès importants, s'était retrouvé lourdement débiteur de mon cabinet. Sa ravissante épouse m'avait proposé par message électronique "un règlement en nature". Je lui répondis immédiatement : "Il semblerait, madame, que vous vous surestimiez quelque peu." C'est alors que la dame K commença à me harceler interminablement. À la suite de quoi, elle demanda à me rencontrer à mon cabinet. J'acceptai, la fis venir dans mon bureau, tout en prenant la précaution de laisser la porte entrebâillée. Je dois à la vérité de reconnaître piteusement, naïvement, que, secrètement, j'espérais qu'elle allait faire amende honorable en s'acquittant de la dette conjugale. Au lieu de quoi elle se lança dans un nouveau scandale. Je décidai alors de la faire éconduire.

« Quelques minutes plus tard, je recevais de l'impudente un message encoléré autant que mensonger dans lequel la dame K me faisait grief de l'avoir violentée, maltraitée et de lui avoir jeté au visage quelques objets variés. Ce que ma menteuse ignorait, c'est qu'à cette période, j'étais sous protection policière rapprochée en raison d'un différend avec quelques islamistes irascibles nourrissant certains projets désagréables. Les agents assermentés avaient tout entendu et le rapportèrent sans se faire prier. C'est dans ces conditions que non seulement mon accusatrice, traduite en justice, fut confondue mais, plus encore, fut condamnée très lourdement pour harcèlement à des dommages et intérêts que je n'ai pas encore entièrement recouvrés.

« La morale de cette histoire est de vous apprendre qu'il faut peut-être toujours écouter sacrément la parole des femmes, mais qu'on n'est pas forcément tenu de l'entendre.

« Nombre de femmes disent la vérité. Mais beaucoup mentent, par intérêt, par vengeance, par pathologie. J'ai cru comprendre que vous appréciiez la diversité. »

La juge et l'avocate se regardent sans mot dire en me maudissant.

Après quelques instants interminables, les yeux de la Ruisseau s'éclairent soudain, son rictus *ininterruptus* ricane : « À titre subsidiaire, je te fais grief d'avoir dans un ouvrage infâme insulté toutes les femmes et propagé la culture du viol !

– Je vous demande pardon ?

– Tu es précisément impardonnable, au sens d'avoir commis un délit imprescriptible en critiquant publiquement le phénomène libératoire MeToo.

– C'est donc cela ! J'ai effectivement consacré un ouvrage à la régression de la société pour cause d'hystérie collective idéologique. Dans ce cadre, je crois effectivement avoir montré, dans le sillage de mes grands devanciers Gustave Le Bon et Sigmund Freud, que le monde électronique était devenu une foule déchaînée autant que névrotique. À ce titre, j'ai rangé le phénomène MeToo dans cette catégorie et ne m'en repens point. Je crois vous avoir démontré que j'étais un avocat connaissant bien, de près, le domaine du harcèlement sexuel et je suis capable, donc, de vous montrer où habite dame Raison.

« Bien sûr que le harcèlement existe. Il est inhérent à l'humaine nature et débute dans la cour de récréation. On peut le réduire par l'éducation et, s'il le faut, par la punition. Le harcèlement sexuel, violence morale, émane de tous les sexes. Il est sans doute plus répandu chez les mâles, en tout cas plus violent, vraisemblablement pour des raisons physiologiques mais aussi économiques et culturelles. Les statistiques, des deux côtés de l'Atlantique, en matière de harcèlement et de violences sexuelles conjugales laissent à penser qu'un quart des victimes sont néanmoins des hommes. 25 %, c'est loin d'être tout, mais ce n'est pas rien. Nul, pourtant, jamais n'en parle par crainte stupide d'amoindrir les trois autres quarts.

« À commencer par le ministère de l'Égalité entre les femmes et les hommes. Comme si les mentionner seulement atténuerait ou minimiserait la violence masculine qui se doit, dans notre monde électronique et binaire, d'être totale et sans partage pour être épouvantable. La foule médiatique ne se contente pas de quart-mesure.

« Je crains, mesdames, et abhorre particulièrement les petits chefs ternes et sans expérience féminine, sans séduction particulière, qui utilisent le sceptre de leur petit pouvoir en guise de grand phallus.

« Ceux-là sont les plus pernicieux et dangereux. En général, les séducteurs comblés ne sont pas des harceleurs, des prédateurs et des violeurs : faute de nécessité, parce qu'ils ne trouvent aucun plaisir dans la contrainte, et enfin – et surtout – parce qu'ils aiment et respectent les femmes par gratitude pour ce qu'elles leur ont donné. Cela ne signifie évidemment pas qu'il n'y ait pas des exceptions.

« Je n'excepte jamais les exceptions. J'en ai même quelques-unes à l'esprit.

« La définition du harcèlement est subjective, donc malaisée. Raison pourquoi il est si difficile à définir juridiquement, madame la jugesse. Elle ne saurait être confondue avec la drague, lourde ou pondérée, elle-même impossible à peser. Pas davantage avec l'outrage ou le viol, sauf à être excessivement sévère avec l'une et à dévaluer gravement les deux autres. Certaines tentatives de définition sémantique ont sombré dans le ridicule pour cause de féminisme idéologique radical et sectaire, sauf votre respect, madame Ruisseau. Dans la folie déferlante de MeToo, deux féministes de gauche se sont complu assez niaisement à étendre le domaine du harcèlement au-delà du raisonnable pour de sombres raisons qui tiennent à vouloir entretenir une suspicion humiliante à l'égard du citoyen au masculin. C'est ainsi, par exemple, qu'une certaine Pascale Boistard, ancienne secrétaire d'État à l'égalité entre les femmes et les hommes et réciproquement, avait décrété, dans un opuscule ridicule consacré au harcèlement dans les transports en commun, qu'il devait être prohibé pour un homme d'écarter les jambes lorsqu'il est assis dans la rame. Cette occurrence, en dépit des obligations égalitaires comme de certaines habitudes vestimentaires, n'est pas proscrite pour les dames.

« Sa suivante, Marlène Schiappa, moins économe de ses effets, a considéré que demander trois fois son numéro de téléphone à une femme (ici encore, la situation inverse ne semblait pas envisageable) était constitutif d'un harcèlement sexuel qui devait donner lieu à poursuites contraventionnelles. Son ministère diffusa sur son site les avertissements contre les regards masculins "trop appuyés" sanctionnés outre-Atlantique.

« À ce stade névrotique assez délirant, l'ex-avocat accusé qui vous parle doit à nouveau vous dire tout le mal qu'il pense d'une pénalisation massive lorsque le personnel d'État invite le public et les pouvoirs du même nom à des poursuites inconsidérées, pour motifs idéologiques.

« L'expérience me commande, en effet, d'affirmer qu'inciter inconsidérément le public à la plainte est la certitude absolue de fabriquer des victimes mensongères, imaginaires et judiciaires. On aura compris, à lire ce qui précède, que cette matière ne souffre pas du simplisme victimaire vociférant, sauf à faire souffrir.

« Mais un peu d'histoire, mesdames, c'était il y a dix ans, autrement dit un siècle. Une fois encore, les grands meneurs démagogiques d'une foule médiatique électronique siègent en Amérique. Un mois après que les mauvais vents soufflant de Charlottesville avaient voulu emporter les statues de Colbert et de Dugommier à Paris, une tempête sexuelle hollywoodienne déferlait électroniquement sur les côtes françaises avec le hashtag #BalanceTonPorc !

« Rappelez-vous, des milliers de femmes françaises, souvent sous pseudonyme, qui se disaient harcelées se répandaient sur la toile. Certaines ne se contentaient pas de raconter leur souffrance, elles balançaient aussi des noms. Si certains de ceux-ci avaient réellement eu des comportements de harceleur sexuel, tous n'étaient pas forcément des criminels, au sens pénal du terme.

« Une journaliste a balancé, par exemple, un premier cochon nommé Brion, sur une chaîne câblée. Le malheureux porcin célébré se sentit dans la triste obligation de s'excuser de son infamie dénoncée à la face du monde. Près de trois mois plus tard, au fil d'une tribune intitulée "Je réclame le droit à la vérité et à la nuance", ce triste héros, atterré, a raconté qu'en fait il avait envoyé un unique SMS alors qu'il avait bu à une femme rencontrée dans une soirée, à laquelle aucun lien hiérarchique ne le rattachait. Le texto était lourdaud. *Tu as des gros seins. Tu es mon type de femme. Je vais te faire jouir toute la nuit.* Vantard donc, mais pas de quoi atteindre l'infâme postérité électronique qui lui est tombée dessus. Mais il paraît, selon sa dénonciatrice, que ce genre de familiarité vulgaire – qu'elle a depuis pardonnée à celui qu'elle appelait sobrement "mon bourreau" – peut entraîner des traumatismes majeurs. Quelques instants plus tard, la foule électronico-hystérique torturait le bourreau.

« Tom Wolfe, auteur du grandiose *Bûcher des vanités* aujourd'hui disparu, estimait que le hashtag rageur MeToo et ses conséquences pourraient être “la plus grande farce du XXIe siècle”.

« Comme ledit siècle est loin d'être achevé, et qu'il commence très fort ici même, je me garderai bien d'un tel pronostic, mais une chose est certaine : je refuse, madame la jugesse, de passer les victimes de cette mauvaise farce par pertes et profits. La mode étant de considérer les excès de MeToo comme une perte pour certains, profitables à toutes.

« Personne ne se donne la peine de définir correctement le terme d'agressions sexuelles, écrivait également Wolfe. C'est une catégorie fourre-tout qui va de la tentative de viol à la simple attirance. C'est de cette confusion que naissent tous les excès. Je suis partagé entre l'effroi en tant que spectateur, et l'amusement en tant que romancier, pour cette merveilleuse comédie humaine.

« Dans la presse locale, encore ce matin dans le *New York Times* et le *New York Post*, ces affaires s'affichent en lettres capitales à la une. Aujourd'hui, n'importe quel homme qui prête n'importe quelle sorte d'attention à n'importe quelle femme, par exemple sur son lieu de travail, devient un “prédateur”. Les hommes s'inquiètent désormais de trouver certaines femmes attirantes. Voilà qu'on se retrouve à s'opposer aux lois naturelles de l'attraction qu'il faudrait désormais ignorer... En vérité, rien n'a vraiment changé, hormis le fait que les femmes disposent d'un puissant outil d'intimidation qu'elles n'avaient pas auparavant. Elles peuvent maintenant remettre à leur place ces hommes dont l'attention est trop extrême, ou qu'elles jugent trop vulgaires, écarter un rival sur le plan professionnel ou encore se venger d'un amant "trop goujat". Pour inculper quelqu'un d'agression sexuelle, il semble désormais que seule la parole de la femme suffise et certains demandent déjà un renversement du droit qui obligerait l'homme soupçonné à faire la preuve de son innocence. Les gens doivent désormais faire attention, c'est de pire en pire, en particulier dans les universités.

« N'est-ce pas mon cas personnel, madame la jugesse Ruisseau ? Oui, le droit a changé. Tom Wolfe avait raison : je dois vous apporter une preuve négative qui n'existe qu'en Absurdie.

« Laissez-moi encore vous raconter d'où nous venons et où nous allons. Le slogan *Moi Aussi* a été une déferlante internationale. Et le révélateur pour les aveugles qui n'en avaient pas encore conscience et dont je n'étais point, madame, du fait que l'Europe vivait désormais sous l'empire et même l'emprise de la culture américaine. En passant, on remarquera, avec une triste ironie, que ceux qui sont les premiers à morigéner l'impérialisme américain sont les derniers à se plaindre de vivre sous l'empire du déferlement électronique venu de l'Ouest.

« Pour peu qu'on y réfléchisse, il est aisé de comprendre pourquoi les meneurs de foules électroniques sont américains. Et même, en l'espèce, californiens.

« Hollywood habite depuis un siècle nos cerveaux, nos cœurs et nos tripes, souvent pour le meilleur et parfois pour le pire. L'empire du rêve et du mensonge tapisse nos songes. La musique américaine, qu'elle soit jazzy, rock, country, blues ou rap, rythme les mouvements de notre corps.

« Nous avons appris à travers les films américains à fumer, à embrasser, à danser comme eux.

« La radicalité américaine en noir et blanc nous fascine, les images de l'Amérique en couleur emplissent nos yeux. Nous sommes devenus des sous-Américains, saoulés et drogués convulsivement à l'Amérique et à son *way of life*. L'Amérique, qu'on l'aime ou qu'on la déteste, on ne la quitte pas. L'Amérique hollywoodienne nous mène par le bout du nez, et donc de la queue.

« Car c'est précisément une affaire sexuelle d'une affligeante banalité, s'il ne s'agissait d'une personnalité emblématique, qui a entraîné cette crise hystérique électronique historique.

« Il me paraît édifiant que Harvey Weinstein fut le mauvais héros de cette histoire d'Éros salace.

Producteur richissime libéral, l'homme est un peu l'envers parfait de Donald Trump, en matière d'inconduite à gauche.

« Lors de la cérémonie des Oscars qui précéda le scandale, l'ex-nouveau président des États-Unis – unanimement vomi par l'Académie – avait fait les frais des rires, des quolibets, des lazzis, des moqueries, des calembours, des colères et des indignations du camp du Bien (je ne parle pas du lieu où nous nous trouvons, madame la juge). Le gros beauf blanc à la mèche blonde ridicule allait payer son écu aux méchants humoristes gentils et aux si généreux artistes pour ses histoires de cul. Un lascar qui confiait à un autre qu'avec la gloire et le succès "on pouvait attraper toutes les gonzesses par la chatte" était ce qui se faisait de plus méprisable au sein de la moderne humanité.

« Entre parenthèses, quelle que soit l'idée qu'on puisse librement se faire de l'ancien nouveau président extravagant, de sa coiffure et de ses rapports avec les femmes, j'échoue cependant à comprendre en quoi l'ancienne actrice porno Stormy Daniels, qui lui vaut à présent des poursuites, cette femme qui l'a fait chanter et a obtenu de lui par avocats interposés 130 000 dollars, puis, après son élection, résilié le deal pour exiger davantage et faire la tournée des médias, serait une victime. Pourtant, cette attitude ne suscite aucune réprobation de la presse moralisatrice, même quand la plaignante ironisait sur la forme et la taille de l'organe viril présidentiel.

« Et puis vint Harvey Weinstein, où on apprit qu'un nabab satisfait de gauche moquant le vulgaire sexisme de Trump avait été un harceleur particulièrement *pushy* avec les ladies. Les révélations se succédèrent, certaines accablantes, d'autres moins convaincantes, sans qu'il soit vraiment aisé de pouvoir distinguer entre drague lourde, harcèlement putatif et violences physiques que l'intéressé niait farouchement, tandis qu'il confessait son addiction sexuelle.

« Au milieu de ce maelström juridico-médiatique, infernal par nature, l'esprit critique individuel, épris de mesure, qui vous caractérise, madame Ruisseau, cet esprit connaisseur de la complexité humaine comme des mœurs hollywoodiennes s'est trouvé dans l'incapacité de pouvoir faire valoir à la foule médiatique déchaînée, gagnée par une indignation contagieuse, qu'à côté des propositions honteuses dans leur formulation et leur insistance pouvait aussi cohabiter le désir d'obtenir certaines faveurs intéressées et même désintéressées, tant notoriété et succès sont des aphrodisiaques puissants chez certains et certaines, y compris au profit de libidineux ventripotents et suffisants.

« Impossible, par exemple, de suggérer à la foule indomptable que le cas de l'actrice italienne

Asia Argento, figure de proue du mouvement MeToo après avoir accusé le gros nabab de viol, était rien moins que limpide. Toute mise en question de son témoignage par un mâle blanc de plus de 50 ans était équivalent à un acte de complicité avec le banni. Ainsi, l'article “écrit avec un cœur” par Mymy dans Mademoizelle.com permet de se convaincre qu'un autre son de cloche, dans cette tempête déraisonnée, était inaudible. “Asia Argento s'exprime pour *Envoyé spécial*” sur le viol qu'elle accuse Harvey Weinstein d'avoir commis. Digne, pudique, elle raconte son histoire et ses espoirs… Cette interview respire la dignité, la pudeur, mais aussi la douleur. Asia Argento s'exprime de façon posée, mais, parfois, ses yeux sont emplis de larmes. Le producteur la touche, la caresse, il finit par accomplir un cunnilingus, malgré les protestations d'Asia Argento qui lui répète : “Non, je n'ai pas envie.” Voyant que ses protestations ne fonctionnent pas, Asia Argento se résout à simuler un orgasme afin qu'il arrête… Outrepassant sa pudeur naturelle, l'actrice explique que, depuis ce jour, elle ne peut plus prendre plaisir à un cunnilingus. Cette pratique est associée, dans son sexe, dans son esprit au “monstre” qui a abusé d'elle. »

Une minute de silence.

« Pas de place au doute, la parole de la “victime” qui dénonce est forcément vraie.

« Aucun esprit critique pour s'étonner que, comme le rapportaient le *New Yorker* et *7 sur 7* durant les cinq années ayant suivi ces faits, Asia Argento aura eu plusieurs relations sexuelles avec le monstre. Même si ces dernières étaient “consenties”, l'actrice affirma s'être sentie obligée, au risque de voir Weinstein mettre fin à sa carrière. Dans ce cas… Nul ne sait si d'autres cunnilingus furent pratiqués.

« Quand, trois mois après l'ovation debout qu'elle reçut au Festival de Cannes, le *New York Times* révéla que l'égérie du hashtag ayant le plus affolé la foule mondiale avait payé 380 000 dollars pour éteindre les poursuites judiciaires d'un homme qui affirmait qu'elle l'avait agressé sexuellement dans une chambre d'hôtel californienne en 2013, alors qu'il était mineur, beaucoup déchantèrent en silence. Ils comprirent à bas bruit que l'emballement était allé trop loin et qu'ils s'étaient fourvoyés en portant au pinacle des personnalités perturbées. Certes, on peut être harceleur et harcelé, mais de là à incarner le combat sacré… Dans le camp du Bien, tout le monde n'était pas bien ! Terrible découverte.

« C'est donc dans ce contexte que, le 3 août 2018, l'avocat de Weinstein communiqua, comme je l'aurais fait, les courriels énamourés qu'Asia Argento avait adressés à son client postérieurement aux faits incriminés, et dans lesquels celle-ci se plaignait de n'être pour lui qu'un “plan cul”…

« Un mâle blanc d'avocat machiste pourrait voir dans ce hashtag dévastateur un mobile de vengeance au moyen d'un mensonge au royaume des chimères, madame la jugesse.

« Comme je suis en forme, je m'en vais vous raconter une autre histoire d'arroseuse arrosée, qui montre que votre camp du Bien se prend souvent les pieds dans le tapis qu'il a lui-même tissé.

« Ainsi, le 15 août 2018, le *New York Times* révéla qu'Avital Ronell, philosophe, critique littéraire et féministe américaine mondialement connue, figure de proue du déconstructionnisme (eh oui, madame le juge)...

– Madame la jugesse !

– Eh oui, madame la jugesse... Et professeure de littérature comparée de l'université de New York, aurait été reconnue responsable de harcèlement sexuel sur l'un de ses anciens élèves, Nimrod Reitman.

« Elle démentit hautement toutes les accusations en expliquant : "Nos communications étaient entre deux adultes, un homme gay et une femme queer, qui partagent un héritage israélien comme un penchant pour la communication complexe et élaborée découlant de notre passé académique et une sensibilité commune". La professeure admit toutefois qu'elle ignorait que son élève se trouvait mal à l'aise avec les e-mails libidineux qu'il lui arrivait de lui adresser. Au terme d'une enquête de onze mois, seul le harcèlement sexuel a été retenu contre elle.

« Le plus piquant dans cette affaire aussi moderne que désormais banale, c'est qu'un groupe de chercheurs menés par Judith Butler, autrice de *Trouble dans le genre*, l'une de ces féministes les plus influentes et radicales qui vous ont tant inspirée, madame la jugesse, et qui considère accessoirement que le Hamas est un mouvement de résistance, écrivit ce courrier public inspiré : "Bien que nous n'ayons pas eu accès au dossier, nous avons tous travaillé pendant de nombreuses années avec la professeure Ronell et déplorons les dommages que cette procédure lui cause, et nous visons à inscrire dans des termes clairs notre objection à tout jugement produit contre elle. Nous maintenons que les allégations prononcées à son égard ne constituent pas des preuves, mais soutiennent plutôt l'intention malveillante qui a animé et soutenu ce cauchemar juridique. "Nous témoignons de la grâce, de l'esprit affûté, de l'engagement intellectuel de la professeure Ronnell et demandons que lui soit accordée la dignité qu'elle mérite pour quelqu'un de sa stature internationale et de sa réputation."

« Selon que tu sois riche ou misérable, ou du bon côté – celui de gauche –, ta réputation devrait être préservée ? C'est encore une fois un stigmate de ce que j'ai appelé le "privilège rouge". Notons cependant que même le *New York Times* estimait que cette lettre rappelait les arguments utilisés pour contrer les enquêtes de harcèlement sexuel commis par des hommes, explication que rejettent d'ordinaire avec dédain, et même indignation, les féministes radicales.

« Dans le même esprit de camaraderie sinon de copinage, je ne résiste pas au plaisir (laissez-moi sortir ce document, le voilà) de vous lire les dernières lignes d'un article de *Libération*, publié le 28 août 2018 sur le même sujet, signé Robert Maggiori : "Il est vrai que, dans l'Amérique de Trump, une théoricienne de gauche, politiquement incorrecte, lesbienne, féministe, militante de la révolution MeToo fait une parfaite 'harceleuse' qu'on doit couvrir d'opprobre." Selon que tu sois du bon côté gauche de la barrière ou pas... Dois-je rappeler que l'affaire avait été révélée par le très libéral *New York Times* ?

« Ce propos me rappelle la pétition d'artistes et d'intellectuels de gauche, menée par Armand Gaty et publiée dans le *Monde* du 18 août 2003, "Bertrand Cantat reste des nôtres", qui réclamait l'indulgence pour l'assassin de Marie Trintignant, "avec ses larges épaules comme un horizon", en saluant son engagement, son talent artistique, son humanisme, sa rigueur intellectuelle, leurs combats politiques communs... Selon que, etc.

« Ainsi, l'affaire Weinstein et le Moi Aussi ont un mérite : montrer que les comportements harceleurs ne font pas de politique et que votre camp du Bien, celui de la gauche, des médias, comprend également sa cargaison de porcs (puisque avec #BalanceTonPorc, la métaphore animale injuste envers le cochon est malheureusement consacrée).

« On réalisa en effet, sans surprise pour les initiés depuis au moins l'ère Kennedy, que le camp naturel du Bien s'était montré particulièrement bon envers l'un des siens, le magnat de Hollywood dont beaucoup connaissaient les dérives et les débordements traités avec indulgence. Hillary Clinton, féministe progressiste en chef, ordinairement très vive, attendit une éternité pour réagir. Quant à l'intransigeant *New York Times*, certains journalistes révélèrent que celui-ci mit des siècles pour publier, enfin, des informations sur le sujet. Normal, Harvey était l'un des leurs et les autorités d'occultation veillaient sur le bon grain.

« Espèce particulièrement protégée sans être pourtant en voie d'extinction, l'homme était un libéral, Juif de gauche, radicalement antiraciste, grand contributeur à la campagne démocrate, ami des lettres et des arts, chevalier de la Légion d'honneur, ennemi déclaré du président honni – il n'avait pas trouvé de mots assez durs pour admonester sa conduite et son discours envers les femmes et leurs *pussy*-chattes – donc un mec bien, forcément bien. Mais un meneur tombé au champ du déshonneur.

« La France aussi vit la déferlante la submerger, jusqu'à donc le fameux BalanceTonCochon qui suscita une hystérie électronique en foule organisée hexagonale. Et des dérives et prises de position à géométrie variable. Il en fallut du temps et des reportages pour que certaines de nos féministes acceptent de reconnaître le harcèlement quotidien que les femmes subissent porte de la Chapelle, à Paris, et suggèrent, plutôt de mauvaise grâce, d'élargir les trottoirs, comme dame de Haas.

« On put voir Delphine Ernotte donner ses huit jours à l'humoriste Tex pour qu'il quitte France 2 à la suite d'une blague, de mauvais goût, certes, mais une blague, sur les femmes. Elle voulait moins de mâles blancs sur la télévision publique : un de moins. Avec une belle tête de beauf blanc, brute de brute.

« À quand le procès posthume de Coluche pour son sketch "Le viol de Monique", je vous le demande, madame la juge ? Mais il est vrai que Tex n'incarnait pas l'humour de gauche bienséant. Celui de l'audiovisuel de sévices publics qui invite Jésus-Christ à se faire enculer.

« La gauche, en vérité, avait, elle aussi, ses boulets à la sauce tartuffe. Comme Denis Baupin. Vous vous en souvenez de Baupin, madame Ruisseau ?

Issu du parti vert gauchisant, mouvement qui a fermé les yeux sur ses SMS tendancieux pendant des années alors qu'il luttait ardemment contre les violences faites aux femmes en se fardant courageusement de rouge à lèvres. Ou l'ardent président des Jeunes Socialistes, connu pour ses diatribes à l'encontre des prédateurs mâles, qui se vit accusé de propos et de comportements incompatibles avec cette noble posture. Au sein de la progressiste UNEF, jadis gouvernée par l'amie Caroline de Haas, des militantes consternées dénoncèrent un phénomène de "castorisation" qui consiste à "bâtir le syndicat avec sa queue". Mme de Haas qui a fait fortune en traquant le harcèlement n'avait, je l'ai dit, rien vu, rien entendu. Et voulez-vous que je vous parle de M. Quatennens, défendu bec et ongles par le président Mélenchon malgré les gifles qu'il a distribuées ?

« Les ONG les plus progressistes, dont les trois lettres magiques valent brevet international irréfragable de haute moralité, ne furent pas épargnées. Oxfam, dirigée à présent en France par l'intransigeante Cécile Duflot, vit certains de ses membres convaincus d'avoir obtenu les faveurs de femmes haïtiennes contre de l'aide alimentaire. On apprit ensuite que certains représentants de l'ONU, de l'Unicef et de Médecins sans frontières n'avaient pas épargné de pauvres femmes affamées.

« En ce qui me concerne, un tel écart de comportement de ces belles âmes entre ce qu'elles disent et ce qu'elles font ne provoque aucunement mon étonnement. C'est ce que j'appelle le syndrome Pinard, du nom du sentencieux procureur de Charles Baudelaire et de ses *Fleurs du mal*, qui en secret donnait dans la peinture pornographique. Discours trop généreux vaut quittance.

« Ou, comme je dis encore : celui qui tient le discours le plus sévère, c'est lui le plus pervers.

« Je ne parle évidemment pas pour vous, madame Ruisseau ni pour Gérard Miller. »

(Au moment où je la regarde, je m'aperçois qu'entre ses dents écartées, les reliefs blancs d'un gras de jambon – de Paris, me semble-t-il – demeurent coincés. Je ne crois pas opportun de le faire remarquer à cette végétarienne revendiquée.)

« Terribles aussi, les révélations de la presse britannique sur l'existence de réseaux de proxénétisme violent et de viols atroces perpétrés dans plusieurs cités anglaises, dont celle de Telford, par des gangs pakistanais, et ce durant de longues années. Les victimes ? Près d'un millier d'adolescentes de la classe ouvrière blanche. Informée, la police n'avait pas voulu se saisir de ces horreurs, de crainte d'être taxée de racisme. Et pendant des années, la classe politique anglaise avait préféré regarder ailleurs. Vous n'avez pas un haut-le-cœur, madame Ruisseau ?

« Pourquoi, lorsque le *Daily Mirror* publie son enquête et qu'une commission parlementaire, compte tenu du scandale, fut ordonnée, l'information ne traversa la Manche que huit jours plus tard et sans faire les manchettes ? Alors qu'il y avait sacrément de quoi, aussi, être indigné ?

« Mais sans doute d'autres combats étaient-ils autrement plus importants. Comme de modifier la *Carmen* de Bizet à l'Opéra de Florence, où un certain Moscato décida de corriger la fin sous les bravi d'Olivier Py. Il était désormais inacceptable, en cette période de violences faites aux femmes, de voir applaudir le trépas de l'une d'entre elles. Et préférable de faire périr un homme du nom de Don José.

« Je tiens à vous dire ici, moi l'ex-homme accusé, les ravages humains de cette hystérie. Car il n'y a pas que la laideur de la délation et l'animalisation des harceleurs putatifs désignés à la vindicte publique. Il y a aussi la calomnie avec son cortège de couples brisés, de carrières gâchées, de vies piétinées. Et ce parce que le patronyme des individus reconnaissables fut souvent livré en pâture… par des personnes anonymes ou sous pseudonymes. Ici habite un essentialisme infectieux, maître de tous les racismes.

« De la même manière, madame la jugesse, que tous les hommes ne sont pas harceleurs, toutes les femmes ne sont pas innocentes. Je vous l'ai dit, il y a des femmes menteuses et des femmes vénales. Il y a même des femmes mythomanes, n'est-ce pas, madame Ruisseau ? Il y a des maîtresses vengeresses et des maîtresses chanteuses. Il y a même une harceleuse que j'ai faite condamner, comme je vous l'ai dit.

« Il y a aussi des hommes tombés au champ du déshonneur judiciaire. Je vous recommande de lire le tristement prophétique testament du grand journaliste libéral de *Newsweek* Edward Behr. Vous verrez comment les dénonciations mensongères ont créé des erreurs judiciaires qui ont traîné des innocents en prison. Je suis bien placée pour le savoir. Vous apprendrez par exemple comment le procédé psychologique "de la mémoire retrouvée" a parfois réussi à persuader, de bonne foi mais à tort, des malheureuses qu'elles avaient été victimes d'inceste dans leur petite enfance et comment un éminent professeur d'université aura perdu sa femme, sa liberté et sa réputation à la suite de la plainte d'une étudiante mythomane revenue par la suite sur ses accusations. Et comment encore, à sa sortie de prison, sa présidente d'université, féministe progressiste convaincue, lui expliqua doctement qu'il n'était que la regrettable victime collatérale du pouvoir mâle... Après tout, on ne fait pas d'omelette sans casser des hommes, n'est-ce pas, madame Ruisseau ?

« Laissez-moi encore évoquer deux drames, l'un survenu en Grande-Bretagne, l'autre en Israël. Ministre travailliste régional du pays de Galles, Carl Sargeant démissionna après avoir été mis en cause de façon abusive par plusieurs femmes. Quelques jours plus tard, il fut retrouvé mort.

« En Israël, un professeur et artiste réputé, Boaz Arad, se vit mettre en cause par un site web qui publia le récit d'une jeune femme racontant sa relation avec lui quand elle avait 16 ans. Plus tard, elle s'installa avec lui mais finit par le quitter avant d'affirmer sans preuves que Boaz avait séduit d'autres lycéennes quand il donnait des cours, ce que l'artiste nia farouchement, déclarant plus tard que ces accusations (il ne s'agissait ni de viol, ni de pédophilie) avaient détruit sa vie “qui ne valait plus la peine d'être vécue”.

« L'homme blessé se suicida lui aussi.

« Le pays fut choqué mais n'apprit rien du drame. La presse israélienne se rit autant que vous de la présomption d'innocence : un député israélien a été ainsi mis sur la sellette pour des faits remontant à plusieurs dizaines d'années. Qu'il nie. Qu'importe, la gauche de la Knesset, théoriquement très attachée au respect du droit des individus, mais sociétalement américanisée, a demandé son exclusion alors même qu'il n'a pas été mis en accusation.

« Pour ceux qui répugnent à traverser les mers, je les renvoie à la récente tragédie vécue par Loïc Sécher, malheureux ouvrier agricole de Loire-Atlantique, condamné pour un viol qu'il n'avait pas commis et depuis réhabilité sans être convenablement indemnisé. Son accusatrice devenue majeure avait finalement envoyé au parquet général de Rennes une lettre dans laquelle elle reconnaissait que "l'homme est innocent et qu'elle ne supporte plus de le voir en prison".

« Plus récemment encore, le 27 juillet 2023, le Britannique Andrew Malkinson, 57 ans, qui, malgré ses dénégations suppliantes, s'est vu condamné pour viol par le tribunal de Grand Manchester, a été innocenté par son ADN après avoir passé dix-sept ans derrière les barreaux. Je ne sache pas qu'on ait songé à consacrer un film à ce Dreyfus du sexisme.

« Eh bien, vous voyez, madame la juge, moi, en tant qu'ancien avocat radié par votre régime, raillé par votre parti, ces histoires me sont toujours aussi insupportables. Comme ces carrières définitivement gâchées d'hommes traînés publiquement dans la boue noire, avant d'être tardivement blanchis, d'Ary Abittan à Kevin Spacey…

« Raison pour laquelle j'avais, comme avocat, proposé sans grand succès que dans ce type particulier d'affaires, il soit proscrit, sous peine de sanctions financières, de jeter des noms en pâture publique, avant au moins toute mise en examen.

« Et puis une dernière pour la route, madame la jugesse : je n'ai toujours pas avalé la pitrerie hystérique – ah oui, c'est vrai, il est désormais prohibé par l'étiquette d'appliquer cette épithète, mais désolé je n'ai pas d'autre adjectif dans mon *Larousse médical* – de votre toute nouvelle ministre de la Culture Adèle Haenel. Lors de la cérémonie des Césars, elle avait traîné dans la fange Polanski dont elle ne tolérait pas qu'il puisse être honoré pour son *Dreyfus*, compte tenu de ses antécédents sexuels.

« En revanche, elle n'avait pas hésité à se montrer fort obséquieuse à l'égard de Ladj Ly pour ses *Misérables*, en dépit de sa condamnation pénale pour un enlèvement dans le cadre d'une "affaire d'honneur" de femme.

« Il est vrai que le premier a connu une vie de roses dans le ghetto de Varsovie et le second la détresse dans la banlieue parisienne. Il faudra m'expliquer également pourquoi Joey Starr, alias Didier Morville, a bénéficié sans scandale en 2010 et 2012 de l'octroi de Césars. Ce délinquant multirécidiviste avait tranquillement fracturé le nez d'une hôtesse de l'air après l'avoir traitée de "pétasse, grognasse et boudin". Trois ans plus tôt, il avait écopé de trois mois ferme pour violences conjugales.

Sans parler de ce qu'il a été poursuivi pour avoir profité d'une homonymie pour créer une ardoise à un pauvre type qui avait le malheur de s'appeler Didier Morville. Manifestement, son statut d'artiste, ses origines, font qu'il n'est pas déchu socialement ni moralement. J'ai noté, avant le changement de régime, qu'on n'avait pas manqué de le solliciter pour s'engager contre l'extrême droite.

– Si tu pouvais éviter ce genre de digressions politiques…

– Et bien entendu, poursuis-je, je ne parle pas des femmes victimes inconnues, celles qu'on ne mentionne jamais sur votre Transe Inter ou dans *Le Monde libéré*, car leur violeur n'a pas la bonne couleur.

« Ici, il ne s'agit pas de savoir si l'homme qui conteste est coupable ou non, mais de crimes reconnus et avérés.

« Comme si vous préfériez avoir à spéculer. Comme si, au fin fond de votre inconscient tourmenté, il ne vous déplaisait pas d'accuser un homme blanc innocent de ses crimes reprochés, comme si son sexe et sa couleur suffisaient à signer sa culpabilité.

« Non, moi je vous parle des viols avérés commis dans les pires conditions que vous voulez ignorer pour de sombres raisons. Parmi mille et cent, je songe à ce terrible viol de Cherbourg perpétré en août 2023. Le violeur récidiviste s'y est pris avec un manche à balai et a détruit l'utérus et l'intestin de la jeune femme encore consciente avant qu'elle ne sombre dans le coma profond.

« Il l'a aussi horriblement torturée. Il ne s'agit pas d'un viol putatif, d'un harcèlement ou d'un geste inapproprié. Il s'agit d'un viol horrible et ordurier. Mais vous, les féministes progressistes, qui vitupérez à cause d'un regard appuyé, n'en avez pas parlé et n'avez pas voulu regarder.

« J'allais oublier : le violeur "présumé" s'appelait Oumar. Il n'avait pas le prénom approprié pour entrer dans le registre abominé.

« Ne me taxez pas de concurrence victimaire. Il n'y a plus de concurrence puisque les mâles blancs coupables ne peuvent avoir été victimes, même les petits garçons du ghetto de Varsovie.

« Alors que les mâles noirs ou bruns sont tellement victimes, qu'ils ne sont jamais vraiment coupables.

« Et je pense à cet instant aux femmes juives et blanches des kibboutzim que vos féministes n'ont pas voulu regarder.

« Voilà, ça va mieux.

« Madame la jugesse, les rapports entre les hommes et les femmes peuvent être très laids, très douloureux, très injustes, sublimes, voire mystérieux. Le monde de l'hystérie électronique, le monde du lynchage par la foule médiatique, le monde de la suspicion contagieuse généralisée et organisée entre les hommes et les femmes, le monde du simplisme et des rôles distribués et stéréotypés, lui, n'est pas un monde vraiment humain. Ce n'est même pas un monde animal, c'est un monde mécanique. Les victimes ne seront pas que des hommes innocents ou des mâles blancs, mais les relations humaines devenues inhumaines. J'ai tort de parler au futur. Dans votre camp du Bien paulinien, madame Ruisseau, il n'y a plus hommes ni femmes, il n'y a plus rien. »

8.
Poursuivi par les LGBTQXYZ

Le lendemain, l'interrogatoire reprenait. La Ruisseau pénètre dans ma cellule sans s'annoncer et encore moins me donner le bonjour, flanquée de Jaidot, son fidèle greffier.

« Accusé Gronadel, nous allons à présent examiner le second grief qui t'était reproché : à savoir, ton homophobie et ta transphobie. L'accusation, amplement étayée par tes écrits et tes déclarations, t'a été notifiée en bonne et due forme. Nous t'écoutons dans tes explications. »

Au moment où elle prononce ces derniers propos, une dizaine de drag queens entrent en riant dans mon antre étroit, comme ces passagers dans la cabine du paquebot des frères Marx.

« S'agissant de l'homophobie, je ne sais trop quoi vous dire, n'ayant en réalité jamais été accusée par des homosexuels de quoi que ce soit.

– Il se trouve que tu as la mémoire courte puisque tu t'es opposé publiquement au mariage homosexuel.

– Aucun homosexuel ne m'en a fait grief. Mes réserves étaient de pur principe. Je m'en fichais. Je trouvais effectivement croquignolet que les mêmes qui n'avaient pour l'institution maritale que mépris, la considérant comme ringarde et obsolète, la trouvaient soudainement d'une folle modernité lorsqu'il s'agissait de consacrer l'union de personnes de même sexe. J'y voyais, j'y vois toujours, cette dilection pour la minorité.

« Il se trouve que la nature m'a voulue hétérosexuelle, ce qui n'a effectivement rien de très original, encore que je ne récuse pas chez moi une part de féminité. Je n'en tire aucune vanité, mais aucune honte non plus. Dans ce cadre, je ne me vois pas participer à une Pride hétéro et ne comprends donc pas cette fierté ostentatoire d'être gay. Dans la même logique, je n'estime pas faire partie de je ne sais quelle communauté hétéro et ne comprends donc guère le communautarisme homosexuel de cette "communauté LGBTQXYZ". C'est, évidemment, au moment où l'homophobie était, fort heureusement, en nette décroissance, que ce communautarisme a crû. Pardon de ne pas attacher une grande importance aux orientations sexuelles.

« En réalité, si vous ne trouverez aucune trace de mon homophobie, je trouve partout dans l'idéologie qui me fait ce mauvais procès la trace de la haine du mâle et d'une hétérophobie maladive. C'est cette haine antimasculine qui fait écrire à Suzanna Danuta Walters, professeure de sociologie, dans le *Washington Post*, l'article “Pourquoi ne peut-on pas haïr les hommes ?” et qui fait le procès de ce qu'elle appelle, comme vous, la “masculinité toxique”. C'est cette même haine de l'homme qui motive la pétition d'une coopérative allemande féministe contre la forme phallique de la fusée d'Elon Musk. C'est une certaine Sandrine Rousseau qui veut voir à l'intérieur des foyers ce qui s'y passe et qui a réussi à faire adopter par votre nouveau régime le délit de non-participation aux tâches ménagères.

« Quant à la transphobie, je pourrais à peu près vous faire les mêmes réflexions. Sauf que nous sombrons dans une furieuse trans-folie. Je ne vois aucun inconvénient à ce qu'une personne mal dans son sexe en change, soit chimiquement par la voie hormonale normale, soit par une opération. Soit même par l'état civil, comme je vous rappelle l'avoir effectué !

« Au fait, monsieur le greffier, comment avez-vous écrit “accusé” ? »

L'homme devient rubicond. « Je rajoute immédiatement une “e”. »

Ruisseau regarde ses tongs.

« Je vous disais donc être bien placée pour ne pas voir d'inconvénients à un changement de sexe, sauf, fermement, obstinément, radicalement, concernant les enfants… »

(Ah ! Ah ! Ah ! Hou, l'hypocrite ! Hou, la vilaine ! La grosse menteuse ! Les drag queens, jusque-là mutiques, rigolent en chœur…)

« … Je vous disais donc être bien placée pour ne pas voir d'inconvénients à un changement de sexe, sauf, fermement, obstinément, radicalement, concernant les enfants et les adolescents. À ce stade de mes explications, laissez-moi vous narrer la très triste histoire du Dr Money. C'est ce psychologue qui expliquait en 1955 que, pour étudier l'homme, il convenait de distinguer "nature" et "culture". Il soutenait que la culture était plus importante que la nature. L'essentiel des comportements humains ne relèverait pas de l'instinct mais de l'acquis. Au début du xxe siècle, le fondateur du béhaviorisme, John Broadus Watson, expliquait doctement qu'il lui serait possible de fabriquer des enfants à volonté, selon l'éducation qui leur serait donnée : "Donnez-moi une douzaine d'enfants sains, bien constitués et je m'engage, en les prenant au hasard, à les former de manière à en faire, selon mon choix, un médecin, un commerçant, un juriste et même un mendiant ou un voleur, indépendamment de leurs talents, penchants, tendances, aptitudes, ainsi que de la profession et de la race de leurs ancêtres."

« Le Dr Money va s'efforcer en conséquence d'appliquer cette philosophie au domaine de la sexualité. Selon lui, il serait possible de moduler l'identité sexuelle de l'enfant, quel que soit son sexe biologique de naissance, en fonction de la manière dont on va l'élever. Money va pouvoir vérifier ses théories lorsque les parents d'un petit garçon, dont le sexe a été sectionné lors d'une opération, viennent le trouver et lui demandent s'il ne serait pas possible, en l'élevant comme une fille, d'en faire une vraie fille. Money leur confirme que c'est tout à fait possible à la seule condition d'agir prestement avant l'âge de 3 ans. Les parents obtempèrent. Money est d'autant plus enthousiasmé par ce cas, que ce garçon, David Reimer, a un frère jumeau, ce qui pourra lui permettre de faire des comparaisons rigoureuses sur l'évolution de leur sexualité. Dans le cadre de cette expérience, le bon Dr Money suit ces enfants quelques années et publie un livre vantant le triomphe de son expérience avec David, dont il fait l'exemple parfait validant sa théorie du genre. Le *New York Times*, apologétique, affirme alors que le docteur a démontré que la culture l'emporte sur la nature : "Si vous dites à un garçon qu'il est une fille et que vous l'éduquez comme telle, il se comportera en femme."

« Les théoriciens du genre ont salué de manière enthousiaste l'œuvre de Money. Pour l'un·e des pape·pesse·s de la théorie post-moderne du genre, notre fameux·se Paul ex-Béatriz Preciado : "Money est à l'histoire de la sexualité ce que Hegel est à l'histoire de la philosophie et Einstein à la conception de l'espace-temps…" Rien de moins. À l'en croire, Money aurait changé le monde, et pour le meilleur : "Si dans le système disciplinaire du XIXe siècle, le sexe était naturel, défini, immuable, transcendantal, le genre apparaît désormais comme synthétique, malléable, variable, susceptible d'être transféré, imité, produit et reproduit techniquement."

« Malheureusement, et au rebours des commentaires laudateurs de Preciado et de ses semblables, l'expérience du Dr Pognon fut non seulement un échec terrible et lamentable de bout en bout mais encore une escroquerie scientifique avérée : dans la réalité, l'enfant David a continué à jouer à des jeux de garçon, à se comporter comme un garçon, à se sentir garçon. Il refuse de plus en plus de se rendre à la visite médicale de Money, qui fait pression sur lui pour le pousser à se faire opérer pour changer de sexe, au rebours de sa volonté. David ne parviendra à interrompre le traitement qu'en menaçant de mettre fin à ses jours.

« Ce qui a été présenté publiquement comme une réussite emblématique s'est révélé en fait un lamentable échec, une fraude scientifique et un scandale déontologique, puisqu'avaient été exercées, comme le rappelle très bien Jean-François Braunstein dans *La Religion woke*, de fortes pressions sur ce malheureux petit garçon pour essayer de valider une théorie fumeuse. Le pauvre David finit par se suicider après avoir vainement tenté, par une opération, de revenir à son sexe naturel de naissance, ce sexe masculin qu'il se refusait à abandonner. Money, de son côté, ne reconnut jamais son erreur scientifique et ses monstruosités professionnelles et accusa ses adversaires d'être réactionnaires.

« Mais le concept de genre était lancé dans le monde, au sens que Money l'avait ordonné : le concept de genre défini comme un ressenti distinct du sexe biologique va de plus en plus s'autonomiser jusqu'à compter plus que le sexe réel. Money n'est en effet que l'initiateur de cette révolution du genre, qui va se poursuivre, malgré l'échec dramatique de son inventeur, et aboutir progressivement à une véritable évaporation du corps, écrit Braunstein. Malgré ce drame, les défenseurs de la théorie du genre continueront à encenser le pionnier Money : la biologie n'est rien, la culture fait tout. Il n'y a pas que deux sexes, il y en a cinq, affirme ainsi la professeure d'études de genre et militante lesbienne Anne Fausto-Sterling.

« De manière très révélatrice, la théorie moderne du genre a été accouchée par un charlatan meurtrier.

« Je tiens à protéger les enfants, madame la jugesse, contre cette trans-folie, furieuse et mensongère, qui s'est emparée du monde occidental… On constate un étrange phénomène contagieux : de plus en plus de jeunes, des adolescents, parfois même des enfants, éprouvent le sentiment d'une inadéquation entre leur sexe de naissance et leur genre. On appelle ça la dysphorie de genre. Selon La Transe insoumise, cette dysphorie suscite, si elle est réelle, une profonde souffrance qui doit être évitée, à tout âge, grâce aux hormones et à la chirurgie. Ainsi, pour vos partisans et votre parti, rien n'est désormais plus évident et plus normal que d'avoir le droit de choisir son genre sans se soucier de sa réalité anatomique. Mais c'est en réalité détruire l'enfant ou l'adolescent que de lui permettre, sinon l'encourager, de régler ainsi dans l'immédiateté une question existentielle de façon aussi prématurée qu'irréversible. L'enfant ou l'adolescent peut en effet être influencé par un phénomène de mode véhiculé par les réseaux sociaux, les médias, ses camarades, et même parfois, hélas, des enseignants. Il est criminel de laisser un enfant ou un adolescent changer de sexe alors qu'il n'a pas la maturité nécessaire, qu'il a peut-être été influencé et que malgré tout cela ce changement sera définitif. Pourquoi croyez-vous donc que les pays scandinaves, hier en pointe, freinent à présent des quatre fers ? Je vous conseille de lire *La Dysphorie de genre* de Melman et Lebrun.

« Comme la Dr Lisa Littman, j'ose soutenir que la *dysphorie de genre à apparition rapide* est le résultat d'une contagion sociale, apparue notamment à travers les réseaux sociaux et le bourrage de crâne dans les écoles par des petits-maîtres en proie à la transidéologie. Grâce à l'action disgracieuse de vos semblables, madame la jugesse, beaucoup d'enfants sont saisis actuellement par cette décérébration précoce qui, parfois, mène au suicide. De nombreuses tribunes de scientifiques alertent contre ce danger mortel, elles expliquent qu'il faut impérativement privilégier l'accompagnement psychologique aux traitements hormonaux et chirurgicaux.

« Mais selon l'association LGBT Stonewall, l'enfant pourrait savoir qu'il est trans dès 2 ans !

« Et pas question d'en douter : Kathleen Stock, pour avoir craint qu'on puisse se perdre dans l'immersion du genre, a été exclue de l'université du Sussex (je n'oserais dire Sous-sexe).

« Je tiens donc à protéger les enfants, madame, contre cette trans-folie qui s'est emparée du monde occidental. »

(Un drag queen : Enculée d'homophobe !)

« J'accuse, madame la jugesse, votre idéologie d'abuser du caractère influençable des enfants que vous contraignez à douter de la réalité de leur corps biologique. Je citerai Montaigne : "D'autant que l'âme est plus vide et sans contrepoids, elle se baisse plus facilement sous la charge de la première persuasion." Sous couvert de lutter contre la transphobie, la trans-folie s'est emparée des esprits. Je n'aurais pas assez d'une journée pour vous citer les exemples les plus fous. C'est bien sûr le Planning familial qui explique qu'un pénis n'est pas un organe masculin et qui publie une affiche d'une femme blanche à barbe avec un homme noir "enceint". Ainsi l'intersectionnalité est parfaite. Le lexique de ce Planning est délirant : selon lui, le sexe est "assigné à la naissance par décision des médecins" en fonction de "la norme de longueur du pénis et du clitoris". Si j'étais vulgaire, je dirais qu'une queue n'est qu'un grand clito et un clito, une petite bite. Mais je ne suis pas vulgaire. Et dire qu'Isabelle Rome, ministre des Deux Sexes, par souci de modernité, a soutenu niaisement le Planning…

« À Windsor, dans l'Ontario, un transfemme a déposé plainte contre un spa pour atteinte aux droits de la personne, l'esthéticienne musulmane refusant d'épiler cette cliente de sexe biologique masculin.

« De même, un autre transfemme a déposé quinze plaintes en Colombie-Britannique contre un autre spa refusant de lui faire une épilation brésilienne.

« L'actrice Charlize Theron a adopté un garçon qu'elle élève comme une fille, car à 3 ans, iel lui a déclaré qu'iel se sentait ainsi. Cette trans-folie entraîne une guerre à outrance dans les minorités sexuelles. Une énième discrimination voit le jour. Les outragés sont des hommes transfemmes qui qualifient leur sexe de "pénis de femme" ou *girldick*. Ces transfemmes transis, comme moi, désirant coucher avec des femmes se réclament du saphisme et vont chercher l'âme sœur sur les sites de rencontres lesbiens. Oui mais voilà, les lesbiennes, peu sensibles à ces sortes de femmes à pénis, sont traitées de "racistes sexuelles". Les féministes pour qui ces transfemmes sont des hommes crient au machisme. Les transfemmes traitent les féministes de misogynes et d'alliées du patriarcat.

« Les lesbiennes féministes qui ne veulent pas coucher avec des hommes transfemmes sont martyrisées, on les nomme TERF (*Trans-Exclusionary Radical Feminists*). Sur Instagram, leur cheftaine de file est figurée la tête tranchée ou égorgée. Le trans peut être intransigeant...

« La science est contaminée : le pieux mensonge de la nouvelle religion l'emporte sur la réalité scientifique haïssable et impie. Elle accepte de voir prises pour la première fois de son histoire des vessies pour des lanternes éclairantes. La religion woke paulinienne l'emporte : il n'y a plus ni Juifs, ni gentils, ni femmes, ni hommes. Daniel Schneidermann et son ami, la fausse femme à barbe, ont gagné et ceci est une pipe.

« Ainsi *Nature*, jadis sérieuse revue scientifique, refuse désormais de voir les différences biologiques entre hommes et femmes. Pour la pseudo-intellectuelle Anne Fausto Sterling : “La biologie qui prétend qu'il n'y a que deux sexes est animée de préjugés virilistes.”

« Dans le *Monde* du 15 juillet 2023, depuis longtemps saisi par le wokisme, une prétendue anthropologue, Priscille Touraille, explique doctement que si l'on s'épile, c'est pour créer une différence artificielle entre les soi-disant hommes et les soi-disant femmes. La même, qui s'acharne à nier les différences, avait bien fait rire les paléontologues en expliquant que les femmes du Paléolithique étaient moins grosses que les mâles… parce qu'on ne les nourrissait pas.

« Peggy Sastre a moqué cette invention du “patriarcat du steak”.

« Car Mme Touraille ferait bien de se méfier des stéréotypes de genre à travers les âges. Les recherches les plus récentes ont confirmé que dans les temps anciens, les femmes étaient également chasseresses. Ainsi, la chercheuse de l'université de Seattle,

Abigail Anderson, a écrit en 2023 : “Le mythe de l’homme chasseur : les contributions des femmes à la chasse à travers l’ethnographie.” Elle confirme que les femmes ne se confinaient pas avec les enfants dans leur cuisine grotesque à attendre leur maigre pitance, mais qu’elles chassaient. En 2020, un article a été publié par Marin Pilloud, diplômée d’anthropologie de l’université du Nevada, qui détaillait les restes de tombeaux trouvés au Pérou et vieux de neuf mille ans. On y a découvert les squelettes de femmes enterrées avec leurs armes de chasse. Il ne s’agissait pas d’un exemple isolé disait-elle. “Nous avons vu que les hommes et les femmes étaient enterrés avec les mêmes objets de chasse utilisés pour chasser de grands animaux”, confirmait le Dr Randy Haas de l’université du Maryland, anthropologue et archéologue. En 2017, en Suède, étaient retrouvés, avec leurs armes, les restes de combattantes vikings qui s’adonnaient à la guerre. L’université de Seattle donne encore des exemples concernant les tribus Tiwi d’Australie ou Matsés d’Amazonie qui montrent que les femmes chassaient avec des chiens et accompagnées de leurs enfants. Ce qui n’empêchait nullement la différence biologique de poids et de taille avec leurs contemporains mâles…

« Mais inutile de raisonner : la militante Catharine MacKinnon morigène “la tyrannie de l’objectivité”. Les sciences humaines sont inhumaines.

« Eh bien oui, madame, quitte à être tyrannique, il me faut rappeler les observations du primatologue Frans de Waal qui a constaté que les femelles singes jouaient avec des poupées et les singes mâles avec des voitures. Les filles ne sont pas des garçons : le cerveau des filles arrive à maturité avant celui des garçons. Comme le dit la féministe américaine pourtant libertaire Camille Paglia : “La froide vérité biologique édicte que les changements de sexe sont impossibles. Chaque cellule de nos corps, à l'exception des cellules sanguines, contient pour la vie le code de notre sexe de naissance.”

« Ne confondez donc pas sexe et genre ! On peut changer de genre, jamais de sexe, n'en déplaise à Paul Beatriz. Les chromosomes, supports de l'ADN, qui apparaissent dès la conception sont présents dans chacune de nos milliers de cellules, et ont fait de vous une “femme” avec la paire de chromosomes sexuels XX et de moi un “homme”, malgré ma transition de genre administrative, avec la paire XY, de la tête aux pieds, en passant par ma belle paire de burnes ! »

(Hurlements et vociférations des reines.)

« La différence essentielle entre les genres concerne sans doute la maternité : la femme engendre dans son propre corps, alors que l'homme engendre dans le corps d'une autre. Les droits romain et juif s'accordent. *Mater semper certa est* : la mère est toujours sûre.

« Mais les médias sont contaminés : Amazon interdit désormais les critiques contre le transgenrisme, mais on peut toujours y acheter *Mein Kampf*. Il est vrai que le Juif n'est plus racisé.

« Vive la tyrannie de l'objectivité !

« Permettez-moi enfin, madame, de dire à quel point j'abhorre le jargon néo-linguistique prétentieux qui crée des barbarismes : androcentrisme, phallogocentrisme, androphonocratique, locuteurien…

« Je ne sais ce qui me retient d'écrire les Transes Savantes…

« J'y raconterais sans ambages mes difficultés à pisser debout dans des toilettes mixtes non genrées, telles que désormais obligatoires, sous les regards féminins légitimement concupiscents.

« J'y dirais ma satisfaction de pouvoir concourir dans les tournois de tennis féminins munie de mes nouveaux papiers d'identité. Pauvre Navrátilová, lesbienne assumée mais critiquée parce qu'elle a osé déplorer la présence des hommes transfemmes dans les compétitions féminines.

« C'est vrai ça, ce n'est pas très fair-play de rappeler les différences anatomiques notables entre les femmes et les hommes en dépit des cris de rage des idéologues du genre qui ont désormais vaincu.

« De dire que la masse maigre est, en moyenne, de 36 % supérieure chez les hommes qui ont, par exemple, une masse musculaire 73 % plus importante dans les bras, ce qui accroît considérablement la force des hommes par rapport à celle des femmes. Inversement, chère madame, souffrez que les femmes aient, en moyenne, une masse grasse plus importante que celle des hommes. Or, ces différences biologiques et génétiques ne disparaissent pas sous l'effet des hormones. Il est par conséquent d'une monstrueuse et stupide injustice de laisser des individus devenus femelles par leur genre mais demeurés mâles par leur sexe – présent dans toutes leurs cellules – concourir contre des femmes. Je vous rappelle, en passant, qu'en 2014 aux États-Unis, à l'issue d'un combat de MMA opposant un homme transfemme à une vraie femme, cette dernière a été victime d'une commotion cérébrale dès les premières secondes du premier round !

« Donc, pauvre McEnroe vilipendé pour avoir dit que Serena Williams serait 700e du classement masculin. Dire que cette grande gueule s'est sentie dans l'obligation de s'excuser… Dans un article du *Monde* d'un wokisme distingué qui nie les différences physiologiques entre les sexes, on explique doctement que les stéréotypes de genre handicapent les sportives qui ne peuvent psychologiquement aller au terme de leur musculation. Rien de plus beau en effet qu'une haltérophile bulgare de quatre-vingt-douze kilos. Je sais, c'est une remarque stéréotypée assumée autant que suicidaire.

« Et puis pour terminer, madame, je vais vous faire l'aveu qui signe ma culpabilité : j'aime les femmes féminines. J'aime Anouk Aimée.

– Bon, c'en est assez de votre masculinisme toxique intolérable et de vos provocations transphobes machistes ! coupa la Sardine. Je décide de vous renvoyer devant le tribunal spécial chargé de prononcer votre condamnation. »

(Hurlements de joie et applaudissements des drag queens qui se mettent à danser la chenille dans mon chenil.)

~

Note en délibéré

Madame la juge d'instruction, dans votre hâte à me renvoyer toutes affaires cessantes devant le tribunal spécial, vous avez oublié de m'interroger sur le 3e grief que vous avez cru devoir formuler à mon encontre, à savoir : ma prétendue négation du droit sacré à l'avortement. Dans la réalité que vous avez décidé d'ignorer vous aussi, je suis un partisan de ce droit. Un partisan modéré, obligé par cette dure réalité, mais partisan tout de même. Je ne sais si ce droit est sacré, mais à dire le vrai, je ne considère pas les opposants à ce droit comme des salauds qu'on aurait dû avorter avant leur naissance. Ils ont, comme les abolitionnistes, une conception sacrée du don de la vie. Je les tiens même pour plus logiques que les premiers, car un enfant à naître me paraît plus aimable qu'un ignoble assassin déjà né. Contrairement à eux, toutefois, je ne vois pas la vie comme forcément sacrée. Je ne considère pas que ce fut une ignoble saloperie que de pendre Eichmann haut et court. De même que je suis un partisan sans état d'âme particulier de l'euthanasie, il me plaît de continuer à vivre jusqu'à ce que je décide de ne plus vouloir, ce qui me tente assez en ce moment, à vous dire le vrai. Mais ceux qui m'agacent, madame la juge, et qu'on recrute dans votre camp, ce sont ceux qui ont une conception très sélective de la vie humaine. Qui regardent l'avortement même tardif comme une lettre à la poste, qui ne voient pas d'inconvénient à ce qu'on ait prolongé la mort du fœtus de la 12e à la 14e semaine de conception, ce qui oblige le médecin à broyer la cage cervicale. Ces députés qui n'ont pas vu d'inconvénient à accepter l'avortement dans le 9e mois de la grossesse en cas de problème psychosocial. Qui adorent le vice-président choisi par Kamala Harris qui a fait voter dans son Minnesota une loi autorisant l'avortement jusqu'à la fin de la grossesse. Autrement dit, un infanticide. Je ne supporte pas ces abolitionnistes qui sont opposés à la peine de mort pour les coupables mais qui adorent cette Terreur révolutionnaire où l'on peut trancher la tête des innocents.

Je vous souhaite, madame la juge, le sommeil du Juste.

Trois mois plus tard, j'en reprends pour deux ans.

~

12 Chavez, Transe Inter, Geoffroy de la Cosnerie : « La pensée n'est qu'à gauche. La droite est une chimère, n'existe que le fascisme d'extrême droite. Empêchez les faussaires intellectuels de respirer. Étouffez leurs paroles, effacez leurs écrits. Soyez sans pitié ! »

9.
Mauvais climat

Il fait très froid en cette mardi sept Fidel (je crois, je m'y perds un peu). C'est l'excellent maîtresse Traore qui m'a transmis cette citation à comparaître à titre de témoin. Je dois être accompagnée le lendemain matin dans les locaux du bâtiment Vétiver, pour témoigner dans une affaire concernant Christophe Giraud, poursuivi pour crime de climatoscepticisme purulent et dont j'ai été l'avocat. J'arrive donc cette mercredi matine, escortée par deux antifas dont je laisse comme toujours à mon lecteur imaginatif le soin d'imaginer la mine.

À peine ai-je pénétré dans les locaux de verre vert du bâtiment Vétiver que je comprends ce qui m'attend. Se tient en effet en face de moi, pour m'accueillir d'un air narquois, l'ex-ministre de l'Environnement Blonde Pommeson.

« Bonjour, ex-maître, ou dois-je dire ex-maîtresse ?
– Bonjour, ex-ministresse, je suis frigorifié.
– Vous n'avez pas maigri », remarque-t-elle avec perfidie.

Manifestement, la toujours jolie brune n'a pas digéré l'incident médiatique qui avait défrayé la chronique, ni gagné en finesse. Lors d'une émission de télévision estivale animée par ma chère et brillante Audrey Hardisonne, en pleine canicule, on m'avait présenté cette ministre de l'Environnement qui ne brillait pas, manifestement, par un brio étincelant.

Je jure à mon lecteur que la suite est véridique, mais il comprendra que je la réserve, par respect pour la justice, dans le cadre de mon témoignage.

Précisément, on me fait pénétrer sans grands égards dans une espèce de hangar où l'on me désigna un petit tabouret. On fait entrer ensuite Christophe Giraud, en tenue de bagnard vert, le pied enchaîné à un poulet.

« Bonjour, maître, vous êtes curieusement accoutré », dit-il après quelques hésitations, sans être plus étonné que cela, tant nous avons tous perdu notre capacité d'étonnement. Je perçois tout de même sa difficulté à reconnaître, dans cette grosse dondon à jupe blanche plissée et anorak arc-en-ciel troué, l'avocat sémillant d'il n'y a pas si longtemps.

On libère le poulet, symboliquement attaché au pied de tous les délinquants de l'environnement.

Le volatile volette en caquetant dans le hangar puis revint se poser sur le crâne chauve d'un gardien, qui se tenait debout.

Christophe Giraud a, lui aussi, bien vieilli. L'homme est un pur esprit. Et un esprit pur. Rétif par nature aux idées reçues sans discussions, il est, tout comme moi, souvent à contre-courant, non par goût de la pose ou esprit de contradiction, mais par méfiance instinctive pour les courants déchaînés des idéologies à la mode du temps. Alors qu'il était à la retraite, les forcenés violents du changement climatique lui ont inspiré une aversion antisceptique.

« Vous n'êtes pas là pour échanger des politesses, déclare tout de go l'ancienne ministresse qui, effectivement, a décidé de ne pas s'en encombrer. J'ai été désignée comme jugesse attitrée pour diligenter l'instruction concernant l'accusé Giraud, poursuivi pour climatoscepticisme criminel. Celui-ci a cru devoir vous désigner, conformément à l'article 13 du Nouveau Code procudéral de Justice équitable, comme témoin de la défense. Qu'avez-vous donc à déclarer ? Je vous somme d'être bref.

– Bien, madame la jugesse, je vais donc déclarer tout ce que je sais, encore que je m'interroge sur votre qualité d'impartialité pour pouvoir instruire un tel dossier.

– Quelle impudence ! Comment osez-vous ? »

À peine ai-je débuté, que la dame est déjà bouillante…

« Je vais donc, si j'ose dire, vous rafraîchir la mémoire, madame la jugesse. La seule fois où je vous ai rencontrée, c'était en pleine canicule lors d'une émission de télévision populaire. Votre esprit était particulièrement échauffé.

– Je m'en souviens », fait-elle en maugréant. Les grimaces qu'elle esquisse n'affectent pas son beau visage mais ne le rendent pas plus intelligent pour autant. « Je ne vois aucun rapport avec l'affaire en cours.

– Je m'explique donc. Pour en revenir à cette affaire, j'affirme que, sans le moindre esprit de provocation et avec une modestie inhabituelle que commandait mon ignorance, je me suis contenté de vous indiquer expressément (l'enregistrement télévisé en est aussi témoin que moi) : “Je ne conteste pas le réchauffement, ni même ne discute le rôle de l'homme dans celui-ci, mais je ne suis pas sûr qu'on puisse, que vous puissiez, quantifier avec exactitude son impact dans le phénomène climatique.” Qu'avais-je osé dire là, madame ! Vous aviez soudain vu Satan et pris un coup de chaud brutal !

« À peine étiez-vous rentrée au frais dans votre ministère, que vous aviez publié un communiqué officiel et considéré publiquement mes propos comme, littéralement, “criminels”. Je me suis donc retrouvé en droit de pouvoir tirer la conclusion que toute prise de position divergeant de 1 °C de température de l'indice de la doxa climatique officielle était, littéralement, criminalisée.

« Je sais que ma timide rébellion vous a mortifiée et, j'ai peine à le dire, un peu ridiculisée.

« J'en ai même fait un sketch dans une émission de télévision. Je m'y exprimais torse nu, chaleur oblige, pour implorer votre auguste pardon. Peu après, vous renonciez à la politique, sans que je puisse évidemment établir un rapport de cause à effet scientifique quantifiant mon rôle dans cette décision, qui n'a pas entraîné une chaude émotion dans l'opinion.

« Je n'avais parlé, madame, qu'avec mon instinct. Je n'entends rien à l'écologie et suis incapable de comprendre une courbe ou un graphique, mais je savais déjà être plus compétent que les incompétents écologistes politiques gauchisants qui ont mis à bas, des deux côtés du Rhin, l'énergie nucléaire, ce qui a eu pour résultat indubitable de carboniser davantage la région.

« Encore n'avais-je pas encore lu le célèbre *Climat, la part d'incertitude*, ce best-seller de Steven E. Koonin, ancien conseiller scientifique de Barack Obama, qui considère, chiffres à l'appui, qu'on ne sait encore rien de certain de la durée du réchauffement observé et encore moins du rôle exact de l'homme dans celui-ci. Ça tombe bien, car je ne suis sûr de rien. J'avais donc fait du Koonin avant la lettre. C'est ce qui explique pourquoi Christophe Giraud, pour lequel j'ai la plus grande estime, a sans doute cru devoir me prendre pour avocat. Vous ne trouvez pas qu'il fait froid ? »

Effectivement, le climat est désormais glacial et l'humain que je suis n'y est pas pour rien. Je poursuis.

« Et je n'avais pas lu non plus ce livre essentiel du physicien et chercheur Daniel Husson au titre évocateur *Climat : de la confusion à la manipulation*. Il y explique, en termes clairs, que le climat ne dépend pas du gaz carbonique mais du soleil. Et que, depuis sa fondation, le GIEC – politique – travaille dans le sens fidèle à son mandat : "Le GIEC ne dit pas le vrai, il dit ce qu'on lui demande de dire… Un GIEC qui disculperait le gaz carbonique serait instantanément mis à la retraite." Jamais les scientifiques n'auront autant été sensibles à l'air du temps. Me revient à l'esprit cette phrase de Simone Weil : "Les savants sont eux aussi asservis à la mode, laquelle est plus puissante encore sur la science que sur la forme des chapeaux."

– Merci, cher maître, murmure Giraud, les larmes aux yeux.

– Au-delà, dans son livre, mon ami ici présent développait la thèse qu'en tout état de cause le bilan carbone européen en général, et français en particulier, était vertueux et qu'il ne servirait de rien de détruire nos économies si les Indiens et les Chinois continuaient à polluer la planète.

« Dans un autre ouvrage, que je défendis, madame, avec une autre robe qu'aujourd'hui, l'AFP le traita de faussaire parce qu'il avait eu le malheur de dire la vérité en ce que, entre les années 2008 et 2012, le réchauffement avait baissé, relativement. Quelques mois plus tard, dans *Le Figaro*, Valérie Masson-Delmotte, grande prêtresse du climat et ancienne vice-présidente du sacro-saint GIEC onusien encensé par votre clergé de la religion climatique, répétait la même chose sans déchaîner la même tempête médiatique.

– Qu'avez-vous à dire pour votre défense, accusé Giraud ? » m'interrompt la jugesse sans plus de façons.

Giraud, honnête homme, enchaîné, est toujours déchaîné par le même climat d'intolérance.

« Vous m'avez marqué au fer rouge, puis parqué dans le ghetto des climatosceptiques avant que de m'enfermer ici ! commence-t-il. Je reconnais pourtant sans barguigner le réchauffement climatique… Et le lien avec l'énergie carbone. Mais depuis quand le scepticisme, qui n'est rien d'autre que le doute cartésien, est-il devenu une hérésie qui mériterait les flammes du bûcher du réchauffement ? Mais cela va encore plus loin, madame la juge : dans *Le Monde*, un certain William Audureau nous expliquait doctement que le climatoscepticisme abhorré ne concernait plus seulement ceux qui doutent du réchauffement, mais également ceux qui osent questionner l'importance du caractère androgène de celui-ci ! Et à supposer même, par pure hypothèse intellectuelle, que je me sois trompé, en quoi serait-ce un crime moral ? Je réclame le droit à l'erreur et le droit de douter, sans être traduit devant le tribunal de l'inquisition environnementale.

– Cher Christophe, de grâce, n'essayez pas de trouver la moindre rationalité aux religieux qui dressent des bûchers au moyen de ragots. Les mots employés sont faits pour vous brûler ! Dans un autre foyer d'intolérance brûlante, regardez ce qu'ils ont fait avec le "complotisme". Ils ont fait passer pour conspirationnistes ceux qui ont osé évoquer le pacte de Marrakech sur l'immigration, qui n'aurait été qu'une chimère inventée de toutes pièces par les adversaires racistes du phénomène migratoire invasif.

« Quelques mois plus tard, ils avaient baissé d'un ton devant l'évidence de son existence. Les religieux du climat, Gertha Timbré en tête, ne sont pas intéressés par la pollution des Chinois. Ils veulent montrer que le pécheur blanc démoniaque détruit les peuples mais aussi leurs arbres et leur terre. Ils veulent aussi s'emparer du climat pour réduire en miettes sa civilisation. Dans l'intersectionnalité des luttes qui subliment la race et suppriment les sexes, eux sont là pour détruire l'économie occidentale honnie.

« Je ne suis sûr que d'une seule chose : le plus grand danger pour notre Terre, c'est notre environnement psychique, pollué par une idéologie délétère.

« Cette idéologie qui encense ceux qui jettent de l'essence sur les œuvres d'art ou qui usent de violence nous bassine.

– Décidément, fait la jugesse, vous ne changerez jamais. Encore que… Quand je vous vois… »

La jolie dame grossophobe a le regard vilain.

« Gardes Antifascistes, reconduisez les accusés dans leurs cellules respectives. »

Mon Christophe me regarde partir d'un air mélancolique, refroidi par cette indubitable froideur microclimatique. Il repart avec son poulet au pied.

La lettre sous verre

Je ne sais comment il a fait pour détourner l'attention des gardes et des gardiennes antifas, qui désormais patrouillent tous les soirs dans le camp avec leurs berger·ère·s allemand·e·s et leurs levrettes afghanes. Il a glissé la lettre sous la porte de verre et je l'ai trouvée au matin.

« Cher maître, je suis l'un de vos voisins d'infortune et tenais à vous exprimer ce qui sera ma dernière expression. Notre proximité n'est pas que géographique ou de vilain destin. Parce que j'ai le malheur d'être scientifique, ils m'ont enfermé dans leur soi-disant Centre du Bien. J'avais osé participer à un colloque d'universitaires et de scientifiques à la Sorbonne contre ce nouveau *lyssenkisme woke* qui vient de triompher. Mais ces gens sont dans le négationnisme. Pour eux, le wokisme, ce dernier avatar de l'idéologie gauchisante destiné à faire tomber les derniers murs de la maison occidentale, n'existe pas. Comme l'islamo-gauchisme n'existe pas. Comme la déclaration de Marrakech n'existait pas. Comme l'augmentation de l'immigration n'existait pas (tout en étant une chance irréversible !). Comme l'insécurité n'existait pas, sauf dans les fantasmes de leurs beaux-frères. Comme l'antisémitisme islamique n'existait pas. Comme le Goulag n'existait pas. Comme Biden n'était pas confus. En revanche, l'antiwokisme existe et est infiniment plus nocif… que ce wokisme qui n'existe pas…

« Ces gens-là, en réalité, détestent la vérité. Ils la méprisent. C'est la très éveillée Alexandria Ocasio-Cortez de la Chambre des représentants, prise en flagrant délit de mensonge par un journaliste, et qui rétorqua sans complexe : “Je pense que beaucoup de gens sont soucieux d'être précis, factuels et sémantiquement corrects, moi je préfère être moralement correcte.” Ces gens vivent dans une sorte de songe éveillé réalisateur. C'est la logique onirique de Freud en action : Otto m'emprunte un chaudron. Il ne me le rapporte pas. Je le lui réclame. Otto me dit que je ne lui ai jamais prêté de chaudron et qu'il ne marchait pas.

« Ces gens détestent tout autant la liberté. Les antifas ont voulu empêcher la tenue du colloque de la Sorbonne.

« Les journaux de progrès négationnistes, mondiaux ou libérés, qui nient le “prétendu wokisme” comme ils niaient tout le reste ont ironisé sur nos travaux. Le colloque a eu lieu mais je me suis fait colleter.

« Les mathématiques sont considérées aujourd'hui comme une perversion intellectuelle dominatrice, blanche et mâle. La théorie postcoloniale déteste les mathématiques parce que blanches et les théoriciens queer parce que cette science serait masculine.

« L'excellent Pierre Jourde (qui est enfermé à cent mètres de chez moi), pour se moquer, suggérait que la théorie de la relativité était entachée de judéité et de sionisme.

« C'est ainsi que selon la Fondation Bill et Melinda Gates, "la culture de la suprématie blanche est dans l'obsession de la précision et de l'objectivité". Une conviction que l'on retrouve sur le blog de l'association américaine de mathématiques (AMS) où il est stipulé : "Si vous êtes un homme blanc, vous devriez démissionner de votre poste de pouvoir… Cessez d'embaucher des hommes blancs."

« Bien évidemment, le concept de discrimination positive, auquel la Cour suprême des États-Unis a enfin renoncé, ne pouvait que déboucher sur cette discrimination négative.

« Je poursuis : selon la cour de justice de l'Ontario, les tests de compétences en mathématiques sont anticonstitutionnels.

« Les revues scientifiques autrefois les plus sérieuses et fiables, comme *Nature*, sous la plume d'une certaine Linda Nordling justifient le mouvement décolonisateur de la science : "La décolonisation est un mouvement visant sinon à éliminer, du moins à atténuer l'héritage disproportionné de la pensée et de la culture européenne blanches dans l'éducation. Il ne s'agit pas seulement d'augmenter le nombre de scientifiques noirs, bien que cette “transformation” raciale soit une partie importante du processus. C’est aussi démanteler l’hégémonie européenne et faire place à la philosophie de tradition locale que les colons avaient écartée.” De la discrimination positive à la discrimination négative…

« Dans la jadis grande revue *Science*, le chimiste Holden Thorp déclare que “les preuves du racisme systémique dans la science imprègnent cette nation [les États-Unis]”.

« Dans un éditorial, *Nature* s’engage à “mettre fin aux pratiques antinoires dans la recherche”.

« Le 19 mars 2021, *Nature*, toujours, écrit : “Nous publierons un numéro spécial qui examinera le racisme systémique dans la recherche.”

« Après cela, comment voulez-vous que les gens croient encore aux publications scientifiques ou aux rapports, très politiques, du GIEC, alors que tout n’est plus qu’idéologie névrotique ? Rien de pire qu’un paranoïaque victime d’un vrai complot. Et je n’étais pas parano…

« Je poursuis. Qui dit mathématiques dit démonstration. Les maths ne sont ni blanches, ni noires, ni occidentales, il n’y a qu’à regarder les Chinois qui ont su profiter du calcul.

« Rappelez-vous les propos du Winston orwellien dans *1984* : “La liberté, c’est la liberté de dire que deux plus deux font quatre.”

« Eh bien, presque un siècle plus tard, une Laurie Rabel, du Brooklyn College de New York, lui répond : “Le deux plus deux égale quatre pue le suprémacisme du patriarcat blanc.”

« Peu importe que nos wokistes déments utilisent voitures et ordinateurs créés par des blancs, le département d'État de l'Éducation de l'Oregon a établi que “les mathématiques sont colonialistes”.

« Ne leur opposez surtout pas un raisonnement rationnel, puisque la logique pue le mâle blanc toxique.

« Aucune différence fondamentale entre la maladie mentale et le wokisme : la première consiste en une fuite hors du réel, tandis que le second consiste dans un enfermement hors du réel. Ce qu'au demeurant les éveillés ont fait de nous.

« Cette folie est précisément contagieuse, mon cher maître, j'ai l'impression moi-même d'avoir changé de peau : je me sens aujourd'hui dans celle de Gordon Klein, professeur d'économie de la faculté californienne d'Anderson (UCLA), qui avait adressé en juin 2020 un courriel de réponse ironique à un étudiant blanc et con, qui réclamait un barème préférentiel pour les étudiants noirs qui ne demandaient rien, mais auraient été traumatisés par la mort de George Floyd. En réponse, il l'interrogea donc sur ce qu'il convenait de faire pour les métis. Ce mail anodin lui valut un déferlement de haine y compris antisémite.

« Le pauvre Klein ignorait que le second degré était désormais interdit comme ici.

« Le soir même, une foule haineuse demanda au président de la faculté la démission immédiate du malotru forcément raciste. Une pétition sur *change.org*, Virez Klein de l'UCLA !, récolta 20 000 signatures. À ces hurlements de haine antiraciste s'ajoutèrent, comme souvent, des hurlements antisémites : "Sale juif bigot", "Quel dommage que Hitler ne soit plus là pour le doucher au Zyklon B". Klein ne bénéficia d'aucun soutien contre ces flatulences gazeuses.

« Ce sont les mêmes qui cracheraient leur haine d'Israël et des Juifs en novembre 2024. Mais il fallait contextualiser.

« Avec leur lâcheté désormais coutumière, les autorités de la faculté d'économie d'Anderson s'excusèrent auprès de toutes les personnes offensées. Le doyen Antonio Bernardo suspendit le professeur de toutes ses fonctions éducatives et lui interdit de remettre un seul pied sur le campus.

« Enfin, le vent du soir tourna, mais un peu tard. Invoquant la Constitution californienne qui proscrit clairement toute discrimination liée à la race, le Comité universitaire sur la liberté académique condamna l'administration d'Anderson pour sa décision, ajoutant que rien dans les propos du professeur Klein ne relevait d'une posture raciste envers les noirs. Une contre-pétition, également sur *change.org* et intitulée "Justice pour le Pr Klein" exigea le retour du professeur et rassembla plus de 75 000 signatures. Devant cette résistance inaccoutumée, le lâche Bernardo fut contraint de réintégrer piteusement dans ses fonctions le professeur qui attaqua la faculté d'Anderson en justice.

« Mais je me sens tout autant dans la peau du Pr Dorian Abbott, géophysicien de l'université de Chicago qui a osé mettre en question la Sainte-Trinité “Diversité, Équité et Inclusion” pour lui préférer la devise laïque : “Mérite, Loyauté et Égalité”. Autrement dit, qui a tenté de replacer la méritocratie au centre du système de valeurs universitaire et scientifique américain. L'imprudent aggrava encore son cas en publiant en août 2022 un article dans *Newsweek* dans lequel il réaffirmait sa position en faveur de la méritocratie universitaire. Cela déclencha une tempête de protestations dans les milieux bien en cour médiatique de la discrimination positive racisée. Contrairement à la lâcheté du doyen Bernardo de l'UCLA, le président de l'université de Chicago assura le Pr Abbott de sa solidarité dans la tourmente. Cela ne suffit pas pour l'empêcher d'être tourmenté : alors qu'il devait prononcer un discours lors d'une conférence au sein du prestigieux Massachusetts Institute of Technology (MIT), l'institut le décommanda *in extremis* pour honorer le respect obséquieux dû à l'orthodoxie wokiste. Cette position intolérante fut défendue par le sentencieux *New York Times*, notre *Monde* à nous, toujours prêt à un renoncement depuis qu'Arthur Sulzberger

Junior, son directeur, avait interdit pendant la guerre à ses journalistes d'évoquer la Shoah pour ne pas qu'on puisse dire que son patron juif faisait la guerre des Juifs. Ce que sussurait Hitler.

« Mais ici encore, il suffit que des gens courageux se révoltent pour que la dictature éveillée s'aplatisse. Une pétition sur change.org "Affirmez les droits du Pr Abbot !" récolta plus de 15 000 signatures. Mieux encore, Dorian Abbot reçut le 8 octobre le prix 2021 du "Héros de la Liberté Intellectuelle" remis par une puissante association universitaire et de chercheurs qui vise à maintenir la liberté intellectuelle dans les universités américaines. De même l'université de Princeton s'empressa d'inviter le professeur à venir donner sa conférence au moment exact où il devait s'exprimer devant le MIT. Ainsi Dorian Abbott obtint finalement une audience qu'il n'aurait jamais pu espérer.

« Rien ne change, Hitler voulait une science plus virile, Staline prolétarienne, nos wokes la veulent fluide…

« Je tenais à vous raconter tout cela, mon cher maître, car suivant depuis longtemps votre combat pour la liberté de penser et de s'exprimer, je sais que vous me comprenez.

« Je suis tout comme vous. Combattant, je crois au combat quand il en est encore temps, mais nous l'avons perdu depuis que La Transe soumise partage le pouvoir avec la France islamiste.

« Je vous annonce donc qu'après que j'aurai commis un dernier acte de résistance je mettrai fin à ces jours sans fin.

« Je sais que vous conserverez cette lettre près de vous.

« J'aurais aimé finir par un Vive la science et Vive la France, mais elles sont mortes toutes deux.

« Adieu, mais je n'y crois guère… »

Professeur Tristan Joyeux, jadis géophysicien.

Nota bene

Je m'aperçois seulement à ce stade de mon journal ne pas encore avoir précisé à un éventuel encore qu'improbable lecteur que j'écris les mots noirs et blancs sans majuscule dans un esprit typographique d'équité. Contrairement au *New York Times* qui, lui, a décidé, dans le cadre d'une logique improbable que j'ai renoncé en tout état de cause à comprendre, que noir devait être écrit avec une majuscule au rebours de blanc rapetissé par une minuscule.

Je croyais mon stock de larmes épuisé, j'en ai finalement encore quelques-unes en réserve.

Il y a quelques jours, on a appris qu'un milicien antifasciste nommé Traorette a été assassiné sauvagement par un savant fou armé d'une fourchette.

Le forcené a été ensuite neutralisé à la mitraillette et enterré à la sauvette.

~

Transe Info, 10 heures : en Grande-Bretagne, un certain Brian Leach a été licencié de son entreprise pour avoir partagé sur Facebook un sketch comique jugé islamophobe par un de ses collègues. Commentaire du journaliste de sévices publics islamowoke : « J'aperçois déjà les falaises de Brighton... » (Ricanements dans le studio capitonné.)

Transe Info, 11 heures : James Damore, autiste, a été licencié par Google pour avoir rédigé un mémo interne évoquant des différences psychologiques entre hommes et femmes. Commentaire de la journaliste de sévices publics wokislamo : « J'aperçois déjà les gratte-ciel de New York... » (Ricanements dans le studio toujours capitonné.)

Transe Info, 17 heures : Guillaume Lutetia, humoriste et circonciseur : « Émeutes antiflics aux États-Unis : All Cops Are Bisounours. » (Ricanements et fous rires dans le studio capitonné.)

10.
Un compagnon de cellule

Le 13 du mois de Chavez, vers minuit, deux gardiens noir et blanc arrivent flanqués d'un vieux prisonnier accoutré de manière hivernale et portant sur le chef une casquette censée le rendre méconnaissable.

« La surpopulation du Centre nous oblige à te demander de faire de la place, veut bien m'expliquer le cerbère blanc.

– Mais il n'y a pas de place ! »

Je préfère mille fois ma solitude, acceptée avec une philosophie plus égoïste que stoïque, à ce que je redoute le plus : l'intranquillité.

« Il n'aura qu'à dormir sur le sol, fait remarquer, terre à terre, avec un bel esprit pratique, le cerbère noir. (Et de jeter sur le plancher une sorte de sac de couchage.)

– Vous faites peu de cas de mon sexe. On m'avait donné l'assurance que je ne devais pas craindre la promiscuité et la concupiscence masculines. »

Les deux gardes se regardent sans entendre mon langage manifestement trop élaboré. Ils nous tournent le dos et quittent les lieux avec une grande économie de mots.

« Toi rien à craindre, me signifie avec une douce ironie et un accent américain prononcé ce myope que j'avais reconnu au premier regard, je pense savoir tenir moi.

– Pardon pour le manque de qualité de mon hospitalité. Sachez que dans d'autres circonstances, c'eût été un honneur. Cela étant, je suis surprise de vous voir insensible à mes courbes. À moins que ce ne soit mon âge », ajoutai-je, misant sans risque sur son intelligence ironique.

(Le petit homme dont j'obtiens un sourire n'est autre que le grand Dubois Allen.)

« Comment se fait-il que vous vous soyez fait attraper ?

– Vous savez bien que je vis à présent en France, un peu comme un réfugié, because le sort qui m'était fait dans les States. »

Afin de ne pas lasser mon lecteur avec ce franglais assez pénible, je vais résumer ci-après ce que m'a raconté Dubois Allen et que je savais déjà.

Je voudrais dire avant que ce cinéaste comique juif et universel, clarinettiste de jazz à ses moments perdus, aura incarné à mes yeux une manière d'idéal de pessimisme heureux. Celui qui, à un journaliste qui lui demandait ce que lui avait apporté son succès, avait répondu : « À présent, j'échoue avec de plus jolies femmes. »

« Je suis tricard à New York. Mes films n'y sont plus joués. Mes acteurs et mes actrices m'ont renié. Je n'ai pas pu y publier mes Mémoires. Le *New York Times* m'a traité de “monstre”.

« Ils veulent ici instruire le procès qu'on n'a pu me faire là-bas. Ma femme Rosemary me reproche d'avoir épousé sa fille que j'ai séduite adulte et avec laquelle je n'ai pas la moindre goutte de sang commun. Pour faire bonne mesure, Rosemary a raconté que j'avais également violé son bébé. Les enquêtes m'ont innocenté, mais peu importe, je suis coupable pour l'Amérique libérale qui m'a encensé et dont je suis le produit le plus raffiné. Ma vie est devenue un cauchemar qui ne m'empêche pas de dormir. Ils m'ont arrêté dans mon hôtel à Paris et veulent diligenter mon procès ici. Tout ce que je demande, c'est qu'on disperse mes cendres à côté d'une pharmacie. »

Il me regarda avec son sourire de myope gentil et partit se coucher sur son bat-flanc.

Quelques instants après il délirait en anglais. Traduction non certifiée : « Le grand complexe blanc n'est pas seulement fait de culpabilisation mais aussi d'humiliation. L'inconscient blanc est sexuellement complexé. Nous ne sommes pas seulement dans la culpabilisation mais dans la mortification. Otto Rank, le copain de Freud du mercredi, croyait au traumatisme de la naissance : au sortir du ventre douillet de sa mère, le bébé esseulé est aveuglé par la lumière. Moi je crois au traumatisme de la circoncision. Voilà pourquoi nous sommes un peu tordus. Je m'en souviens comme si c'était hier. Un vieux barbu m'a châtré et ça m'a fait très mal. Autour de moi tout le monde buvait, chantait et se marrait, y compris mon père sévère et *meine yiddishe mamme*. Vous êtes circon... ? »

Je l'entendis ronfler.

Je l'aime bien mais j'étais mieux seul.

Le lendemain matin, ce drôle de Zelig avait disparu.

Visite de ma curatrice au bas-ventre

Ce matin, ma dame aux méchants petits yeux est dans ses mauvais jours. L'air chafouin, voilà qu'elle me dit :

« Nous avons reçu des dénonciations anonymes qui t'accusent d'une conduite dévoyée sur le plan de la conjugalité domestique et de mœurs notoirement dissolues.

– Anonymes, dites-vous ?

– Par discrétion et souci de sécurité.

– Bien que je n'aie point coutume de répondre à des délateurs inconnus, dites toujours, ma partie de golf vient d'être annulée à la dernière minute.

– D'une part, tu ne te serais pas acquitté convenablement des tâches domestiques et, d'autre part, tu aurais fait montre d'une sexualité genrée débridée, d'une masculinité toxique. Il a été rapporté que tu aurais insulté pendant un rapport intime une femme, n'hésitant pas à la traiter, je cite, de : "Salope !!!" Une fois encore, je ne suis pas là pour te punir mais pour te déconstruire.

– Bon écoutez, ma cucuratrice, on ne va pas y aller par quatre chemins, encore que la juge Ruisseau m'ait déjà interrogé sur des griefs voisins.

« Je confesse bien volontiers n'avoir pas fait tous les jours la vaisselle. J'étais seul à rapporter de l'argent et à travailler du matin jusqu'au soir. Mais quand bien même aurais-je fait la vaisselle et mon épouse aurait-elle travaillé, que vous ne seriez pas encore satisfaite. Comme le dit Chesterton, "le féminisme pense que les femmes sont libres lorsqu'elles servent leur patron mais esclaves quand elles aident leurs maris".

« Je pense aujourd'hui que – et je ne parle ici que des pays occidentaux car vous vous moquez éperdument du sort des autres – les femmes sont les égales des hommes. Encore quelques inégalités salariales surjouées et basta. Quand j'entends

Hillary Clinton oser dire que les femmes souffrent plus que les hommes parce qu'elles perdent à la guerre leurs maris et leurs fils, j'estime que nous sommes dans l'infamie. En l'occurrence, ce sont les maris et les fils qui sont estropiés, émasculés, défigurés, éliminés. Pas les femmes, ni les filles. On pourrait le mettre dans la balance, non ?

– Ce sont des guerres d'hommes !

– C'est ça, vous passerez bien le bonjour de ma part à Indira Gandhi, plus belliciste que le Mahatma, à Golda Meir, plus belliqueuse que Levi Eshkol et à Margaret Thatcher, plus va-t-en-guerre que Chamberlain.

« Venons-en à présent à la question sexuelle. Je suis ravie d'aborder ces fadaises. Vous avez une Maïa Mazaurette, qui sévit à Transe Inter et produit des chroniques sans queue ni queue dans *Le Monde*. L'une d'entre elles, en mars 2023, je m'en souviens très bien, n'était pas piquée des hannetons. Elle écrivait notamment : “La pénétration sexuelle serait-elle en voie de déclassement et, pourquoi pas, d'abandon ?” Elle y explique que les hommes imposent aux femmes – je vous jure que c'est vrai – leur sexualité masculine dans le cadre de la pénétration phallique. Il m'avait pourtant semblé que les femmes, en tout cas les rares qu'il m'est arrivé de connaître, appréciaient une bonne pénétration un peu virile. Et puis surtout, que croit la Mazaurette ? Sur quel abruti est tombée la Mazaurette qui ignorerait l'usage du clitoris ? Pour la Mazaurette, c'est fromage ou dessert ? Pénétration phallique ou excitation clitoridienne ? Étrange spécialiste de la sexualité mondaine. Pardon de m'être emportée, ma cucuratrice.

– Tu es malaisant.

– Ah oui j'oubliais ! J'aurais traité une femme de salope pendant que je lui faisais l'amour ? Et qui vous a dit cela ? C'est bien possible, en tout cas, ça pourrait bien me ressembler. Ce sont les mots d'amour que l'on se disait et qui étaient appréciés avant que la Transe n'entre dans la danse. Du temps où on savait ce que sont les fantasmes. Du temps du second degré périmé. Du temps de l'amour avec humour. De la complicité entre hommes et femmes avant la guerre des sexes. Du temps où les femmes un peu soumises pouvaient dominer le temps d'une étreinte et les mâles un peu dominants se faire dominer et pourquoi pas avoir mal, si ça leur faisait du bien. Une féministe ne pourrait aimer être traitée comme une chienne et un macho comme un chien ? Ça, c'était avant.

« À présent, vous avez interdit Ronsard, qui proposait en vers, par jeu amoureux, à sa belle et tendre, de feindre un viol.

« Finie la liberté onirique, poétique et fantasmatique dans votre politique ? Le fantasme de viol n'existe pas chez certaines femmes ?

« Le second degré (je sais, il est ici prohibé) ne pourrait être un remède pour exorciser le réel ?

« Oui ou merde, ai-je encore le droit de fouetter ou non une femme qui me le réclame gentiment ? (Après lui avoir fait, évidemment, signer une décharge.) Non, ça c'était avant. Aujourd'hui, j'en prendrais pour vingt ans.

« Votre extrémisme de gauche, comme toujours, nous fait passer d'un excès à l'autre : hier, tout devait être permis dans la vraie vie, et il était interdit d'interdire. Et *Libération* faisait l'apologie de la pédophilie. Aujourd'hui, *Libé* guette les pensées et traque les arrière-pensées.

« Le temps d'avant, c'était le temps où l'on savait faire la différence entre les fantasmes et la réalité, la différence entre l'amour humain, fût-il bestial, et la bête animalité. Votre fantastique bêtise aura tout gâché.

– Bien, ta masculinité toxique étant pratiquement incurable, je vais demander qu'on te prescrive un traitement hormonal en conformité administrative avec ton nouveau genre.

– Eh bien, comme cela, étant en harmonie avec mon état civil, je pourrai enfin demander le transfert dans le camp des femmes. »

Je n'entendrai plus jamais parler de ce traitement hormonal.

11.
Mon procès en racisme anti-immigrés

La procédure a été expéditive et donc rapidement expédiée. La veille, une mardi, j'ai été reçu par l'huissier de Justice équitable, Maîtresse Traoré, celui qui féminise le langage, la citation suivante : « L'accusée Grossenadelle est accusée par la juge de la référée pénale d'avoir commis la crime de racisme d'extrême droite en s'opposant à de multiples reprises à la libre migration des peuples victimes.

« Elle devra donc s'en expliquer devant la juge commise par la République de La Transe insoumise postnationale, qui sera assistée de deux migrantes dûment régularisées et indemnisées par voie automatique. »

Le lendemain mercredi matine, une juge blonde comme on n'en fait plus, flanquée de deux Africains en boubous et du gracieux procureur Plainiel pénètrent dans ma petite cellule de verre. La magistrate m'indique sèchement que j'ai dix minutes pour m'expliquer, en me précisant que je dois le faire simplement au regard de la méconnaissance par ses assesseurs de la langue vernaculaire.

Une dizaine de gardiens faisant office de public se sont entassés dans la petite pièce.

« Accusée Grossenadelle, oserais-tu nier t'être opposée à plusieurs reprises au progrès migratoire ?

– Pardonnez ma curiosité, au demeurant gratuite, mais je n'aperçois pas mon avocate habituelle commise d'office.

– Maîtresse Hesse est retenue ailleurs, et de toute manière tu la récuses habituellement.

– Je croyais n'avoir pas droit de récusation.

– La procédure d'urgence ne considère pas comme indispensable la présence d'un avocat sauf à toi de l'exiger, décrète le procureur avec délectation.

– Bon très bien, restons-en là dans ce cas. Vous disiez ?

– Nies-tu t'être opposée au progrès migratoire, véritable chance pour la France ?

– Je nie qu'il s'agit d'un progrès et d'une chance et je m'enorgueillis de m'être opposée fermement au phénomène suicidaire d'une immigration illégale et invasive qui a été imposée de force au malheureux peuple français.

– Tu n'as plus que huit minutes et vingt-cinq secondes.

– C'est plus qu'il ne m'en faut.

« Il y a une dizaine d'années, mon point de vue eût été plus balancé. Mon livre de chevet sur la question était *Exodus*, de Paul Collier, professeur d'économie à Oxford, et encensé depuis *The Economist* jusqu'au *Sunday Times*. Il se situait entre le refus d'une immigration incontrôlée et une immigration zéro. Il expliquait aussi, chiffres à l'appui, qu'un exode excessif était un drame économique et humain tant pour les pays d'arrivée que pour ceux de départ.

« Mais c'était avant le grand déferlement, appuyé par les passeurs et les organisations non gouvernementales internationalistes complices.

« Je suis un défenseur passionné de l'État-nation pour tous les peuples du monde. J'ai préfacé *Les Vertus du nationalisme* du philosophe Yoram Hazony, qui explique magistralement que l'État-nation est la dimension idéale pour protéger un peuple ; plus grand qu'une tribu sectaire et moins vaste qu'un empire totalitaire. Chaque État-nation a le droit, et le devoir, d'aider chaque peuple de la terre à posséder des frontières, à l'instar des murs d'une maison pour protéger une famille de la faim et de l'insécurité. Le fait qu'Edwy Plenel, récemment sur Transe Culture, m'ait reproché avec véhémence cette préface est une solide caution morale et intellectuelle. Je ne suis aucunement opposée à l'immigration étrangère qui enrichit un peuple indigène, pour autant qu'elle soit acceptée qualitativement et contrôlée quantitativement aux fins d'une bonne intégration.

« La France ne serait pas ma France sans une part nécessaire d'apport nouveau. Et Paris ne serait pas Paris sans l'Italien Montand-Livi, le Polonais Lemarque-Korb ou le Kabyle Mouloudji-Mouloudji.

« Je n'ai rien contre les autres peuples. Je suis d'ailleurs incapable d'essentialiser une ethnie ou une religion, quand bien même je le voudrais. Mais la manière dont l'immigration sans contrôle s'est installée, sans frein, sur le territoire national a été criminelle et suicidaire. D'abord, parce que les peuples immigrés viennent de civilisations très différentes de la nôtre. Ensuite, parce que la population musulmane est nombreuse dans une période où l'islam se montre conquérant et où les peuples viennent de colonies travaillées parfois politiquement dans un esprit de revanche et de ressentiment. Je pense notamment à l'Algérie. Enfin, et surtout, parce qu'ici, sur le territoire français, l'idéologie d'extrême gauche, dont La Transe insoumise est la représentante la plus fanatique, a pratiqué de manière pathologique la dilection pour l'altérité et a enseigné dans ce cadre aux étrangers, et plus encore à leurs enfants, le mépris de la population autochtone, systématiquement présentée comme raciste et bas du front. Il eût fallu que les jeunes immigrés soient des saints laïques pour ne pas y croire. Or, tous ne sont évidemment ni des saints ni très laïques. C'est à cette idéologie raciste et mortifère que j'en veux et certainement pas aux populations d'origine immigrée dont je fais partie et que j'aime, à titre individuel. Il n'empêche que pour toutes ces raisons, le lien entre insécurité et immigration incontrôlée et, donc, mal intégrée, est aussi insécable qu'aveuglant.

« J'ajoute que, dans l'espace monde, par un racisme antioccidental qui explique la dilection que je viens de décrire, seuls les peuples d'Occident se voient reprocher leur désir, prétendument raciste, de se protéger. On comprend parfaitement le nationalisme palestinien ou vietnamien.

« Dame Taubira a pu, sans qu'on trouve sa remarque immorale, se plaindre de ce que l'immigration d'étrangers dans sa chère Guyane ait dénaturé sa terre natale. Edwy Plenel, pour dénier le droit de la France de refuser l'entrée des Comoriens à Mayotte, a repris sans vergogne les remarques d'un ethnologue montrant que les Mahorais et les gens des Comores étaient de la même ethnie.

« Dans ce cas migratoire-ci, le concept n'est pas maudit…

– N'importe quoi ! fait le procureur, étrangement agacé.

– On comprend tout autant que les Indiens d'Amazonie ou d'Amérique du Nord n'aient pas vu d'un bon œil l'arrivée d'étrangers conquérants venus de contrées éloignées sans y être priés. On comprend même très bien que les Ukrainiens se battent et tuent d'autres êtres humains pour défendre les frontières de l'État-nation ukrainien. Mais défense de vouloir défendre les frontières de la France contre une invasion qui ne dit pas son nom !

« Dans l'espace-temps, le fait de considérer comme raciste la résistance du peuple français à être submergé par d'autres populations, contre sa volonté, est récente. Songez qu'en 1952 le rédacteur en chef du *Monde*, favorable à l'indépendance algérienne, écrivait que "lorsque les Algériens obtiendront leur indépendance, il conviendra que ceux demeurant en France rentrent dans leur pays". Et pourtant, ces Algériens étaient infiniment moins nombreux qu'aujourd'hui…

« Les paroles du général de Gaulle, rapportées par Alain Peyrefitte, considérant que l'essence historique du peuple français était, non entièrement, évidemment, mais substantiellement blanche et chrétienne, sont aujourd'hui sacrilèges. Pour en avoir repris l'esprit, Nadine Morano a été clouée au pilori.

« Pourtant, l'expression *Afrique noire* ne choque pas ceux qui clouent l'ethnicité seulement à un mur blanc.

« Le mot identité n'est pas un gros mot, c'est un beau mot. Je suis un défenseur de cette identité culturelle, de la mienne comme de celle de l'Autre qui ne vaut pas moins que la mienne.

« Mais j'affirme solennellement que c'est la première fois, dans l'histoire de l'humanité, qu'un peuple envahi contre son gré fait figure de salaud, tandis que l'envahisseur fait figure de victime.

« Je confesse avoir un jour écrit sur le réseau social X, ex-Twitter : "Je rêve de manifestations nombreuses et non violentes, sans haine pour l'étranger, contre cette immigration invasive qui nous tue à petit feu. J'en veux au peuple français de sa passivité. Il n'a qu'une seule grande excuse : la trahison de ses petits clercs politiques et médiatiques."

« Si mon rêve s'était réalisé, je ne serais pas aujourd'hui votre prisonnier. »

(Un énorme rouquin montre le poing : Salaud ! Ordure ! Juif ! Nazi !)

« Les Français indigènes n'ont pas moins de droits que les Indiens. Claude Lévi-Strauss l'avait très bien compris. C'est précisément cette contestation, et à elles seules, de ce droit universel et salutaire qui est foncièrement raciste. Voilà pourquoi moi, le petit Juif pas toujours bien traité par les catholiques dans sa jeunesse normande, je souffre pour le Français d'origine chrétienne d'aujourd'hui.

« Chaque jour, il tombe des Français innocents dans un silence de mort, tant vos journalistes xénophiles ne pleurent que devant des films en noir sans blanc.

« J'ai écrit quelque part que les petits blancs des banlieues étaient les nouveaux Juifs souffrants.

« Encore que les anciens aient également souffert de vos amis ces derniers temps.

« Voilà pourquoi, ensemble, je les chéris.

« Ce sont mes deux familles. J'en ai fini. »

Le tribunal des référés en a fini aussi avec moi et me condamne avec une indulgence surprenante à trois mois. Je mets cela prétentieusement sur le compte de mon éloquence. Mais à la réflexion, je pense que les assesseurs n'ont rien compris à mes explications, raison pour laquelle je pus compter sur leur tempérance.

~

22 Boumediene, Transe Inter, Grande-Bretagne : manifestation de l'extrême droite fasciste contre les migrants étrangers, qui ont bien le droit de s'y trouver. Deux enfants anglais auraient été assassinés par un adepte du Coran selon ces racistes menteurs. Ils allèguent également que lors d'une contre-manifestation antiraciste, un conseiller travailliste musulman aurait appelé à l'égorgement des manifestants avec l'approbation de la représentante

d'Amnesty International. Il s'agit bien évidemment d'une désinformation émanant du lobby sioniste.

~

Un chien.

Je vous dois des aveux. Je vous ai caché quelque chose. J'ai craint que vous n'alliez pas me croire.

Je vous ai dit que Zelig avait disparu de bon matin. Mais je vous ai caché qu'à sa place, sur le bat-flanc, l'avait remplacé un chien. J'ignore qui l'a placé dans ce lieu cadenassé. Serait-ce une bonne âme qui connaît ma passion des canidés ? Il s'agit d'une espèce de bouledogue qui me rappelle mon défunt Émile.

Moi-même je n'y crois pas. Je ne sais pas d'où il vient. Mais il se tient devant moi, à l'endroit même où se trouvait le vieil Allen Dubois. À moins que ce ne soit sa réincarnation. Ils ont les mêmes yeux tristes. Vient-il de la clairière qui jouxte le camp ? Et qui l'a fait entrer ? J'aime les chiens. Je ne peux pas vivre sans animaux. Et il est là devant moi. Parmi les nombreuses choses que je reproche aux faux écolos qui collaborent avec le nouveau régime, c'est de se foutre éperdument de la condition animale. Je vais l'appeler Dubois et je vais le garder. Nous nous regardons, nous nous aimons déjà. Comme je suis végétarien, je n'ai rien à lui donner. Je sens que je vais renoncer au végétarisme. Je ne suis plus seul.

12.
Ma période Kollabo

J'en suis là. Je suis las ou lasse, gras ou grasse, je ne sais même plus où j'en suis avec mon statut.

C'est alors que ma curatrice rouge vient me trouver dans ma cellule de verre dans cet état d'esprit :

« Tu as fait des progrès. Ton rapport sur Disney a fait grand effet sur les autorités. Elles ont donc décidé de te missionner, par mon intermédiaire, pour l'élaboration d'un plan de *cancellation générale* que tes connaissances et tes capacités te permettent de pouvoir réaliser avec compétence. Tu es libre de ne pas accepter, mais en cas de succès, tes conditions de vie pourraient considérablement s'améliorer. »

J'ai soudain une illumination : au-delà de l'indéniable satisfaction de pouvoir jouir d'une amélioration de mes conditions, je peux désormais jouer une autre partition.

La grosse circoncise a décidé de les circonvenir. Elle va dynamiter le système de l'intérieur. Elle vendra ses tours et ses mensonges à ses tourmenteurs. L'énorme cavette va se rebiffer. Elle les connaît mieux que personne et les dupera à leur propre jeu.

J'ai décidé de me faire collaboratrice. « Le Comité de réflexion et d'action de La Transe insoumise, section Centre du Bien, a bien voulu faire l'honneur insigne de confier au soussigné le soin de rédiger un rapport sur la politique de cancellation que se propose d'instaurer le parti unique au plan postnational.

« Avant que de faire des propositions, le soussigné se permet de rappeler que le phénomène de cancellation a précédé de beaucoup l'arrivée aux affaires dudit parti.

« Le soussigné avance même l'hypothèse que cette cancellation a contribué puissamment à cette prise de pouvoir grâce à un phénomène de sidération des esprits malsains et de décérébration des cerveaux néfastes.

« Quand le soussigné évoque la cancellation, il convient de la prendre dans le sens le plus large de son acception. Elle revient soit à terroriser le contrevenant en provoquant chez lui un réflexe de peur, de fuite ou de regrets exprimés par l'imploration du pardon. Nous l'appellerons petite cancellation.

« La grande cancellation consistant en l'effacement pur et simple de l'acte contrevenant ou du sujet de la contravention.

« Quelques exemples aideront à la compréhension.

« La mardi 13 avril 2022 correspond au début du ramadan. Comme chacun sait, durant cette fête, nos amis musulmans veillent à observer un jeûne très strict et ne sauraient consommer ni nourriture ni boisson du lever du jour au coucher du soleil. Il se trouve que la marque Évian eut le front indécent de poster un tweet qui déclencha une légitime indignation de nos frères mahométans déjà éprouvés par le contexte ambiant. Évian fut taxé de racisme et de provocation. Le tweet était effectivement insupportable : “Retweetez si vous avez déjà bu un litre d'Évian aujourd'hui.” Plutôt que de reconnaître humblement le caractère déviant de ce message islamophobe, la firme aquatique prétendit qu'elle n'avait eu pour ambition que d'inciter les Français à boire de l'eau pour préserver leur santé.

« À supposer même, par hypothèse hardie, que ce fût la vérité, Évian était coupable de ne pas avoir eu l'élémentaire attention de songer que le message prétendument sanitaire avait lieu le jour le plus saint de nos compatriotes islamiques.

« Il s'ensuivit – et il est important de le noter – un concert de protestations outragées sur les réseaux sociaux de la sphère musulmane, assistée de ses amis politiques compatissants.

« C'est grâce à cette réaction populaire et spontanée qu'Évian France fut dans l'obligation de s'excuser par le tweet suivant : "Bonsoir, ici la team d'Évian, désolés pour la maladresse de ce tweet qui n'appelle à aucune provocation." Cette petite cancellation par la résipiscence est un exemple de ce qu'elle a contribué à l'affaiblissement moral de la volonté de nos adversaires réactionnaires repentants dans le cadre d'un rapport de force inconscient.

« Cependant, il est à noter que certains eurent toutefois le front de protester contre ces protestations. C'est ainsi, par exemple, que le ci-devant philosophe controversé Raphaël Enthoven eut le communautarisme indécent de rétorquer : "La première firme qui me parle de bouffe le jour de Kippour, je lui fais un procès pour offense." Je le signale, à toutes fins utiles, de manière citoyenne pour qu'éventuellement des suites appropriées soient rapidement données.

« Nous devons par conséquent poursuivre les actions de cancellation contre les entreprises privées par exigence de l'imploration du pardon ou du retrait de leurs initiatives attentatoires aux personnes racisées ou dégenrées.

« Souvenez-vous qu'en juin 2020 L'Oréal capitula en rase campagne en décidant de retirer les mots *blancs* et *blanchissants* de toutes ses présentations aux fins de ne pas froisser ses clients à la peau noire. La démarche de L'Oréal à but évidemment strictement capitaliste a constitué une étape importante dans l'aggravation de la mauvaise conscience blanche et craintive. Nous devons poursuivre sur cette voie de l'imposition de la cancellation par voie de capitulation.

« L'autre méthode que je ne saurais trop recommander est celle de l'intimidation par voie de diabolisation ou de censure. Quelques exemples illustreront ma recommandation.

« Ainsi, la BBC, qui se voulait progressiste, n'a pas hésité à licencier le commentateur sportif Andy Baker pour ne pas avoir trouvé qu'une photo de chimpanzé portant casquette était raciste.

« L'un de ses soutiens pour tenter de défendre l'impudent osa même soutenir qu'une telle sanction revenait à suggérer que les noirs ressembleraient à des singes ! Ce licenciement eut l'insigne mérite de rendre les commentateurs sportifs autrement plus craintifs.

« La firme Macy's a obtempéré à la suite d'un signalement sur X se plaignant de ses assiettes proportionnées aux jeans. Elle a reconnu un *fat shaming*.

« Un dessin animé japonais à succès dénommé Nissin a osé mettre en scène un personnage nippon-haïtien à la peau claire occidentale. Le personnage choquant a été annulé et les dessinateurs japonais, dont on sait le racisme, seront plus prudents la prochaine fois.

« La firme Gucci a été contrainte de faire amende honorable après avoir fabriqué un col roulé faisant un peu *black face*.

« L'Oncle Ben a effacé son noir souriant trop gentiment.

« Lego a cessé sa fabrication de policiers.

« Mattel, quitte à sacrifier 9 % de son chiffre d'affaires, a décidé courageusement de fabriquer des poupées trisomiques, obèses, borgnes et transsexuelles. Entre nous, on peut imaginer que les fillettes un peu dodues ou encore strabiques ne souhaitent pas forcément retrouver leurs légères imperfections dans cette enfant imaginaire à laquelle la poupée prête son corps. On peut imaginer qu'il existe une normativité organique de l'esprit humain, au-delà des aléas de la biologie. C'est une hypothèse de ce genre que le psychologue Jung avait résumée dans son concept d'archétype. Mais je ne suis sûr de rien sur ce point.

« Mattel est allé encore plus loin dans l'inclusif en proscrivant résolument de son Scrabble quatre cents termes jugés exécrables. C'est ainsi que les mots *pouffiasse*, *schleue*, *tafiole* et *tarlouze* sont désormais légitimement effacés.

« Quant au film à succès *Barbie*, il ridiculisait admirablement l'être masculin dans un juste retour de boomerang australien.

« Je ne comprends pas comment vous pouvez tolérer qu'on puisse encore jouer au Nain jaune ! Doublement malaisant pour les êtres de petite taille comme pour nos grands amis de la Chine communiste. Je suggère donc de canceller ce jeu suranné ou de le rebaptiser *Le chinois multicolore de taille moyenne*.

« Ainsi, je préconise de traquer impitoyablement les déclarations ou les représentations médiatiques dès l'instant où elles sont susceptibles de mettre mal à l'aise les minorités racisées et ou de genre.

« L'acteur Mario López a osé suggérer qu'on ne devrait pas croire sur parole les accusations d'un enfant de trois ans ! Alors qu'elles sont innocentes donc sacrées.

« L'ineffable Matt Damon a été justement morigéné par l'opinion publique éveillée lorsqu'il a osé dire qu'une main aux fesses était moins grave qu'un viol !

« À ce stade de la main aux fesses, permettez que je me confesse. Avant ma phase de déconstruction, j'étais un autre homme. Avant que de me faire femme. Je veux ici implorer pardon pour toutes les raisons qui m'ont fait légitimement interner dans ce Centre qui me recentre dans le Bien.

« Vous savez donc que parmi toutes les nombreuses raisons qui font que je suis ici, j'ai moi aussi, comme Damon, pratiqué ce relativisme odieux.

« J'ai osé en effet soutenir lorsque je participai à une émission, hélas de grande écoute, de la chaîne de triste mémoire Des Niouzes que vous avez eu le bon goût d'interdire, qu'il était moins grave de pratiquer une fellation à un adolescent de 17 ans que de sodomiser un petit enfant de 4 ans ! J'ajoutai, pour tenter de justifier ès qualités d'avocat mon ignoble propos auprès de l'animateur ombrageux mais rigoureux Pascal Preux, que le premier recevrait un châtiment pénal de trois ans tandis que le second serait condamné à trente ans. Je me rends compte aujourd'hui combien ces propos étaient ignominieux. Rien que pour ceux-ci, je mérite d'être ici.

« Enfin, et bien entendu, je préconise sans complexe la mise à l'index. Je recommande la liste noire et l'autodafé. Et pour les livres tolérés, je suggère qu'ils soient tous désormais systématiquement soumis à la correction de sensibilité artificielle. Ici encore le passé commande notre présent pour baliser notre futur.

« Souvenez-vous de ce qui est arrivé à l'autrice de *Harry Potter*, J. K. Rowling. Cette réactionnaire blanche est à présent sur la liste noire. Bien mieux : en août 2023, elle a été bannie de l'exposition sur la pop culture de Seattle consacrée au personnage qu'elle avait pourtant enfanté... Sa transphobie écœurante s'est révélée en effet sans limites lorsqu'elle n'a pas craint de publier plusieurs tweets dans lesquels elle affirmait que les hommes transfemmes n'étaient pas des femmes ! Elle a même transgressé toutes les règles de la sensibilité des trans en affirmant que seule une femme pouvait avoir ses règles...

« La réaction ne s'est pas faite attendre. La peur est bonne conseillère : c'est ainsi que Daniel Radcliffe, qui incarnait Potter à l'écran et qui aurait dû se sentir débiteur de l'autrice, n'a pas craint de se désolidariser de l'impudente. Et que croyez-vous qu'il arriva à la suite de cette mise à l'index ? Les ouvrages de Rowling sont désormais brûlés sur certains campus. Voilà des autodafés de bon aloi. Comme si cela ne suffisait pas, dans son dernier roman, l'un de ses personnages, un *serial killer*, se déguise en femme pour commettre ses crimes ! D'aucuns, pour travestir la vérité du ressenti, prétendirent qu'il ne s'agissait que d'un ressort classique du roman policier. Notre communauté éveillée n'a pas manqué d'y voir une insulte insupportable à l'encontre des travestis.

« Je suggère en conséquence au Comité ce que je ne crains pas d'appeler une très sainte Réquisition. Dans ce cadre, réquisitionnons l'aide de ceux de nos amis des Sleeping Giants, les Géants endormis qui se reposent actuellement dans de grands lits dans notre Centre ! Profitant de la bienveillante compréhension de nos médias amis, Transe Inter et *Le Monde*, ils ont su terroriser les annonceurs de la presse de la haine d'extrême droite. Pas de liberté aux ennemis de la liberté ! Vous avez bien fait d'interdire et d'incarcérer les faiseurs de haine posthitlériens. Aujourd'hui, un Geoffroy Levieux ne peut plus nuire et c'est tant mieux !

« Continuez de flatter toutes les minorités. En tout cas, certaines d'entre elles. La meilleure description du phénomène de la cancellation, vous la trouverez dans le célèbre *Fahrenheit 451* de Ray Bradbury. Le chef des pompiers explique ainsi au héros Montag la nécessité de détruire les livres : "À présent, prenons les minorités dans notre civilisation, d'accord ? Plus la population est grande, plus les minorités sont nombreuses. N'allons surtout pas marcher sur les pieds des amis des chiens, amis des chats, docteurs, avocats, commerçants, patrons, mormons, baptistes, unitariens, Chinois de la deuxième génération, Suédois, Italiens, Allemands, Texans, habitants de Brooklyn, Irlandais, natifs de l'Oregon ou de Mexico… Plus vaste est le marché, Montag, moins vous tenez aux controverses, souvenez-vous de ça ! Souvenez-vous de toutes les minorités, si minimes soit-elles, qui doivent garder le nombril propre. Auteurs pleins de pensées mauvaises, bloquez vos machines à écrire. Ils l'ont fait. Les magazines sont devenus un aimable salmigondis de tapioca à la vanille… et voilà, Montag. Tout ça n'est pas venu d'en haut, il n'y a pas eu de décret, de déclaration, de censure au départ, non ! la technologie, l'exploitation de la masse, la pression des minorités, et le tour était joué, Dieu merci, aujourd'hui, grâce à eux, vous pouvez vivre constamment dans le bonheur… Posez-vous la question : qu'est-ce que nous désirons par-dessus tout dans ce pays ? les gens veulent être heureux, d'accord… les noirs n'aiment pas Little Black Sambo (Sambo le petit noir). Brûlons-le. *La Case de l'oncle Tom* met les blancs mal à l'aise. Brûlons-la. Quelqu'un a écrit un livre sur le tabac et le cancer des poumons ? Les fumeurs pleurnichent, brûlons le livre. La sérénité, Montag. La paix, Montag. À la porte les querelles ou mieux encore dans l'incinérateur."

« Mais inutile d'insister, je sais bien combien vous avez su combler la minorité la plus majoritaire.

« Vous êtes sur le point de l'emporter. Vous n'êtes même plus dans l'obligation de la cancellation car votre adversaire apeuré est dans l'autocensure. Ce qu'avait remarqué finement Tocqueville : "L'Inquisition n'a jamais pu empêcher qu'il ne circulât en Espagne des livres contraires à la religion du plus grand nombre. L'empire de la majorité fait mieux aux États-Unis : elle a ôté jusqu'à la pensée d'en publier. On voit des gouvernements qui s'efforcent de protéger les mœurs en condamnant les auteurs de livres licencieux. Aux États-Unis, on ne condamne personne pour ces sortes d'ouvrages ; mais personne n'est tenté de les écrire."

« Ils pètent de trouille, si vous m'autorisez l'expression. Pour leur petite réputation. On les sait peu courageux. On leur a retourné la tête. Regardez ce gag que racontait Samuel Fitoussi dans la *Revue des Deux Mondes* – que vous avez depuis interdite – et qui, à juste titre, se trouve, comme moi, en maison de déconstruction. Marta Kaufmann, créatrice de *Friends*, a renié son œuvre et fait don de je ne sais plus combien de dollars au département d'études africaines et afro-américaines de l'université Brandeis. "J'ai mal quand je me regarde dans le miroir, j'ai honte de ne pas avoir su mieux faire", a-t-elle expliqué. L'acteur David Schwimmer, enfin éveillé, a lui aussi exprimé des regrets un peu tardifs : "Je suis maintenant conscient de mon privilège de mâle blanc hétérosexuel." Vous tenez le bon bout !

« Mais ce n'est pas une raison, évidemment, pour baisser la garde. Bien au contraire.

« J'irai même plus loin : allons jusqu'à terroriser nos amis les plus tièdes, faisons le procès du Parti démocrate américain, qui fut esclavagiste, comme celui de la camarade Françoise Vergès dont la famille le fut aussi. Réclamons des comptes à notre compagnon de route Pascal Blanchard, qui a fini par avouer sa culpabilité blanche et dont le patronyme même est suspect.

« Ne craignons pas d'effrayer. Annulons ce qui n'aurait jamais dû naître et prospérer.

« N'oubliez pas que les plus grands pharaons cancellaient parfois les cartouches de leurs prédécesseurs.

« Et pourtant la grande civilisation égyptienne est un modèle. Nous sommes la Nouvelle Civilisation, nous sommes la Nouvelle Religion ! »

« Ghislaine Grossenadelle. Emphase de destruction. »

J'ai été emportée par mon verbe et ma fougue. Pour un peu, j'y croirais.

La kaporale éveillée

Je jouis de feindre la trahison suprême. C'est vrai, j'en veux à mon camp de n'avoir pas résisté, de ne pas avoir su livrer depuis des années le combat culturel auquel je l'exhortais. Je lui reproche sa petitesse, sa sottise, son égoïsme et sa lâcheté. Il n'a finalement que ce qu'il mérite. Les autres en face ont toujours été plus sérieux, groupés, syndiqués, déterminés et altruistes.

Je lui en veux d'avoir été complexé par les insultes et de ne pas avoir su, ainsi que je l'exhortais dans mon *Manuel de résistance au fascisme d'extrême gauche*, renverser la charge de la honte, en moquant l'adversaire, ses mensonges et sa folie extrême, que j'invitais à localiser sur le côté sinistre.

Trop tard. À moi tout seul, je m'en vais endormir la vigilance de mes geôliers éveillés.

Car plus profondément encore, pour les avoir étudiés, décrits, combattus, je les connais mieux qu'ils ne se connaissent. Je parle leur langage, je connais mieux leurs concepts qu'eux.

Le combat contre l'extrême gauche intolérante de toujours, d'hier comme d'aujourd'hui, a été celui de ma vie.

Son fascisme – au sens vulgaire et dévoyé – m'a fasciné. J'ai jalousé ses privilèges. Par une sorte de fuite en avant masochiste et suicidaire, non exempte de jouissance ludique, je veux me vautrer dans le vomi de ses mots.

Et puis aussi, et puis surtout, j'ai envie de jouir de mon nouveau pouvoir pour pouvoir me revancher, avec ses armes, ses méthodes et ses raisonnements tordus contre ses propres membres.

N'ayant su vaincre La Transe, je veux me moquer d'elle, je vais la vaincre en feignant de vouloir la convaincre.

Je suis devenu sa petite kaporale éveillée ou sa collabobo, c'est selon.

(Mémorandum confidentiel et reconnaissant à mes rééducateurs éclairants)

> Je tenais tout d'abord à remercier le Comité de réflexion et d'action de La Transe insoumise, section Centre du Bien, pour les félicitations qu'il a bien voulu m'adresser par l'intermédiaire de ma curatrice personnelle. Je tenais plus encore à lui témoigner ma gratitude pour la confiance qu'il veut bien me témoigner, en dépit de mon passé calamiteux. Je n'aurai pas assez de jours à vivre pour m'en repentir.
>
> Le Comité a eu non seulement la bonté mais encore l'intelligence, soit dit sans flagornerie (vous savez qu'elle n'est pas mon fort), pour comprendre que peu comme moi pouvaient connaître de l'intérieur le mode de fonctionnement d'un vaincu idéologiquement. Je tiens à préciser une nouvelle fois que la présente note a un caractère hautement confidentiel, au regard des ressorts psychologiques de l'individu qu'elle décrit et des suggestions,

dans toutes les acceptions du terme, qu'elle émet respectueusement.

C'est dans ce cadre psychologique et scientifico-politique que je souhaite voir la présente note lue et, j'ose l'espérer, prise en considération.

L'idéologie de votre gauche extrême, aujourd'hui au pouvoir, a vaincu parce qu'elle a, depuis plusieurs décennies, réussi à suggérer dans le cadre d'une authentique décérébration des esprits par la voie du principe de la répétition à l'infini qu'une partie de la population française incarnait l'extrême droite honteuse.

On peut dire aujourd'hui que l'opération a magnifiquement fonctionné. Certes, les prédécesseurs de La Transe insoumise ne l'ont pas emporté dans les urnes, mais seulement par le pouvoir de la rue et une alliance que d'aucuns pourraient considérer comme contre-nature entre les héritiers de Marx et de Derrida et les enfants de Mahomet. Ils n'avaient pas davantage gagné, tant s'en faut, la bataille des idées, puisque votre idéologie, que l'on n'osait appeler d'"extrême gauche" était en déclin au regard, notamment, de l'irrésistible arrivée des fidèles de Mahomet et de la conduite de certains, parfois, osons le chuchoter entre nous à bas bruit, répréhensible.

Mais, précisément, le fait que j'ai pu noter que l'on n'osait pas localiser votre mouvement à l'extrême gauche du spectre politique alors que les partis et les individus tenant des propos hostiles au phénomène migratoire étaient immédiatement extrémisés géographiquement à droite est une indication fondamentale dont nous ne saurions faire l'économie de l'analyse.

Il y a une fachosphère. Il n'y a ni bolchosphère ni islamosphère. Il y a des droitiers en politique. Un gaucher n'est qu'un particulier qui utilise sa main gauche. Et c'est le droitier que l'on a réussi à contrarier.

C'est donc dans le creux de cette asymétrie sémantique que votre parti doit continuer de puiser ses secrets de fabrique.

Cette fabrication repose d'abord sur des raisons idéologico-historiques.

Grâce au pouvoir organisationnel, intellectuel et médiatique du Parti communiste, celui-ci aura accompli l'exploit remarquable de faire oublier son rôle trouble pendant la Seconde Guerre mondiale : soutien au pacte germano-soviétique hitléro-stalinien, sabotage par les ouvriers encartés dans les arsenaux français, publication proallemande de *L'Humanité* en juin 1940 en incriminant nommément les « Juifs Moch, Mandel et Blum ».

Autre exploit remarquable et parallèle : parvenir à faire croire que le pétainisme n'était composé que de membres de l'extrême droite et que la Résistance n'était qu'à gauche, ce qui est, convenons-en entre nous, doublement fallacieux.

Grâce à ce savoir-faire technique indéniable, aidé, convenons-en encore, par un militantisme médiatique et intellectuel sans partage ni comparaison, la prétendue extrême droite, et elle seule, aura été diabolisée dans un cadre politique mais, surtout, et c'est essentiel, moral. Car parallèlement à ce non-procès du communisme, le seul procès du nazisme et de ses héritiers authentiques ou imaginaires en fait le seul diable sur terre, mais aussi dans le ciel, au regard de la disparition de notre père…

Lors du procès que vous avez diligenté avec rudesse, mais justesse, à mon encontre, j'ai plaidé, vous vous en souvenez, comment et combien ce que j'ai nommé l'antinazisme devenu fou (*CRS/SS !* en est le cri le plus délirant) avait rendu honteux le blanc accablé d'avoir en commun avec Adolf Hitler la même couleur de peau.

D'une certaine manière, l'extrême droitisation des opposants est le moyen génial que vous avez utilisé pour ramollir et émasculer les velléités du mâle blanc hétérosexuel de vouloir résister au moyen de son État-nation, de ses frontières, de sa police, de sa justice et de son discours, à votre désir qui n'est plus dissimulé de l'éradiquer.

Si ce ramollissement permanent n'avait pas eu lieu par voie de diabolisations, ghettoïsations, d'excommunications verbales, de moqueries, de dénigrements par l'odieux visuel public que vous aviez déjà investi pacifiquement de l'intérieur, d'étiquetages disqualifiants, d'exclusions, de censure, d'intimidations, de condamnations judiciaires, d'interdictions de chaînes télévisuelles privées, d'émasculation de la police, je soutiens que bien plus d'opposants à votre révolution se seraient dressés plutôt que de se débander.

Que les distingués membres du Comité ne s'y méprennent pas : loin de moi l'idée de vouloir diminuer leur mérite. Il est bien plus grand encore qu'il n'y paraît : c'est par la force de la suggestion, de la persuasion, de l'intimidation, du psychodrame irrationnel et disproportionné, donc de l'intelligence et de la volonté, que vous avez su vaincre et décérébrer.

J'insisterai particulièrement sur votre talent inégalable pour le psychodrame. Vous êtes capable de transformer un geste involontaire en crime, une égratignure en martyre et une riposte par légitime défense en génocide. Vous tenez ce talent non seulement de votre absence sidérante de décence mais encore et surtout de votre admirable refus de sacrifier vos buts sur l'autel de la sacro-sainte vérité, bien trop vénérée à vos yeux.

Regardez à ce sujet comment vous avez réussi à vous permettre impunément toutes les fantasmagories. C'est *Libération* et *Le Monde* qui ont inventé le mythe de la foule de Phnom Penh en liesse accueillant les Khmers rouges avec des fleurs de toutes les couleurs. C'est *Libé* qui a fait l'apologie de la pédophilie, du temps où vous affirmiez que tout était permis avant que vous ne proclamiez que tout est interdit. C'est *Le Monde* qui a inventé la fable de ces mystérieux étudiants israéliens qui avaient quitté précipitamment New York le 10 septembre 2001. C'est *Libé*, j'ai grande honte à l'avouer, que j'ai fait condamner pour avoir appelé à massacrer des Juifs quelques jours avant la rue des Rosiers... Et c'est encore récemment le même *Libé* qui a inventé le mythe de pogroms antimaghrébins dans les rues de France une samedi matin. Et vous avez réussi à faire croire que c'était sur la fâcheuse sphère que l'on fabriquait les plus beaux *fakes* !

Eh bien, malgré tout cela, votre absence admirable de tout surmoi détestable vous a autorisé à faire la morale à un journal dominical. Il faut dire que vous avez eu le talent de mettre à votre service idéologique une grande partie de la classe médiatique. Et particulièrement, sans vouloir radoter, de l'odieux visuel de sévices publics. Entre nous, vous avez été servi par le niveau actuel du journalisme. Qui correspond au demeurant au niveau actuel général. Sans être désobligeant, j'ai du mal à faire la différence entre un journaliste de service public et un étudiant médiocre en sciences politiques. Je sais, c'est effectivement désobligeant.

Autre secret de fabrique, également à la source de votre triomphe : votre capacité à béatifier des idoles morales ou intellectuelles à partir de personnages intellectuellement médiocres ou moralement contestables. Stéphane Hessel, dont j'ai dénoncé les impostures dans mon *Vieil homme m'indigne* en est le prototype idéal. Il ira jusqu'à se prétendre faussement juif pour mieux défendre le Hamas. Ses postures indignées ne valaient pas mieux. Mais il pouvait compter sur la claque de votre caste.

Son complice Edgar Morin, qui avait précisément proposé sa béatification, présenté cathodiquement comme le pape de la pensée complexe, a toujours été d'un simplisme déconcertant. Il a reconnu, sans se faire prier, être d'accord quasiment sur tout avec Ramadan.

Je n'ose vous dire, même en le murmurant, ce que je pense de Gisèle Halimi depuis qu'elle repose dedans le temple du Panthéon. Si jamais mes propos confidentiels venaient à sortir de notre conciliabule, je serais maudit jusqu'à la fin des temps. Sans rien ôter à ses mérites d'avocate quand elle a défendu de pauvres filles dans des affaires d'avortement, elle restera pour moi une porteuse de valises, ce qui n'est point une lumineuse balise. Laissez-moi vous narrer cette anecdote révélatrice. Elle me portait mauvaise rancune car dans une émission de télévision, dans laquelle elle accompagnait précisément Hessel, je l'avais convaincue de délit de mensonge flagrant. Les deux compères avaient créé un Tribunal Russell pour juger « des crimes commis par Israël ». Je lui demandai publiquement si Leïla Chahid, représentante officielle autant que talentueuse de l'Autorité palestinienne, faisait bien partie du jury, ce qui, sans vouloir l'offenser, n'était pas le meilleur critère d'impartialité. Tandis que Hessel, gêné, regardait fixement ses souliers, Halimi osa timidement un déni auquel j'apportai immédiatement, et preuves à l'appui, un cinglant démenti. On n'entendit plus jamais parler de ce tribunal particulier.

Furieuse d'avoir été démasquée, Mme Halimi s'écria : « Je vous avais bien dit, Taddeï, de ne pas inviter Gronadel ! »

Puisque décidément j'ai l'esprit d'escalier, un mot sur ce Bertrand Russell, qui incarne lui aussi l'intelligence que vous idolâtrez en vertu de son admirable, et admiré, esprit de pacifisme bêlé.

Effectivement, il s'opposa frontalement et avec succès à Churchill qui menait campagne pour le réarmement de la Grande-Bretagne contre le nazisme. Il présenta Churchill comme un dangereux va-t-en-guerre. Grâce notamment à son influence, la Grande-Bretagne se réarma trop tard pour pouvoir contrer les ambitions de Hitler. En 1937, Russell disait encore : « Si les Allemands envahissent l'Angleterre, il ne faudra surtout pas résister. Quand les soldats allemands découvriront la supériorité de la civilisation britannique, ils mettront l'arme à terre. » On connaît les funestes conséquences. Bertrand Russell fait encore partie aujourd'hui des idoles de votre gauche extrême.

Surtout, ne vous méprenez pas. Je ne suis plus là pour vous faire reproche. Je suis là au contraire pour vous témoigner toute mon admiration. Vous avez trouvé la pierre philosophale qui transforme les plus piètres philosophes en idoles d'or étincelant. Là habite également votre immense talent.

Un bémol toutefois à ma symphonie de l'Admiration pour cymbales et violons, avec votre autorisation.

Si vous êtes capable de transformer le méchant plomb en or massif, vous ne sauriez faire de l'airain avec du purin. Heureusement que vous avez vaincu par le pouvoir de la rue, car vous vous étiez ridiculisé au sein de la vieille Assemblée. Impossible avec un jeune dealer braillard intoxiqué, avec un antispéciste adorateur de moustiques, avec une végétarienne revendiquée s'enfilant des tranches de jambon dans la clandestinité, de pouvoir confectionner des intellectuels raffinés. Mais vous l'avez emporté par vos antifas déchaînés.

C'est aussi par l'organisation remarquable de vos syndicats de journalistes, de magistrats, d'avocats, avant tout militants déterminés, que vous avez su prendre l'avantage. Bien plus que par la force de vos camarades de combat, dont je salue bien entendu par ailleurs le courage.

Vous avez su également habilement embrigader une bonne partie de la jeunesse. Vous saviez que les cerveaux tendres et exaltés sont plus aisés à modeler. Avant vous, d'autres partis y avaient excellé. Des Jeunesses hitlériennes aux communistes, aucun parti totalitaire n'aurait pu prospérer sans le concours des jeunes pousses vertes. Et vos alliés écologistes ont su reprendre le flambeau pour préparer un soulèvement de la terre en utilisant leur sainte violence.

Le poisson pourrit par la tête. Vous avez pu inoculer le poison fantasmatique de l'extrême droite, alors que celle-ci avait pratiquement disparu pour cause de discrédit. Permettez-moi, en tant qu'ancien ennemi, de vous tirer respectueusement ma kippa-képi nazie.

Après donc avoir analysé vos secrets de fabrication du diable imaginaire, je vous suggérerai à présent de reprendre cette combinaison miraculeuse pour terrasser définitivement vos opposants.

Tout d'abord, évidemment, reprenez votre martingale idéale pour victimiser vos partisans.

Ne croyez surtout pas que je vous tienne pour cynique. Je n'aime pas l'expression *wokisme* qui caractériserait votre idéologie victorieuse, et dont vous niez par ailleurs effrontément la réalité.

Je reconnais bien là votre habileté bénie dans le déni oui – un oui qui force mon admiration.

Vos glorieux prédécesseurs avaient bien nié le Goulag, l'antisémitisme islamique, l'insécurité et l'immigration, ces *fantasmes de l'extrême droite* ! Non, je sais toute votre sincérité pour mener à bien ce que je nomme pour ma part votre idéologie éveillée de la victimisation systémique de tout ce qui n'est pas mâle, blanc, hétérosexuel, judéo-chrétien.

Persistez en conséquence, car votre combat (je n'ai pas encore le droit de dire le nôtre) n'est pas encore gagné ! Dites que les homosexuels n'ont jamais été aussi tourmentés ! Affirmez, chiffres invérifiables de vos ONG à l'appui, que les femmes n'ont jamais été autant dominées par les hommes ! N'oubliez pas, pour raffermir votre alliance avec le RIAD mahométan dont vous connaissez la turbulence et dont vous ne méconnaissez les secrètes espérances, de prétendre que le musulman est le nouveau Juif, en plus martyrisé mais en moins rusé.

L'islamiste demeure votre allié privilégié. Il a toujours été votre petit faible, tant il est grand et fort. Et par-dessus tout parce qu'il n'est pas un raciste blanc. Vos féministes, que je n'ose dire wokistes, ont su fermer les yeux sur ses misogynie, homophobie et transphobie fondamentales.

Votre (je marquai un temps d'arrêt) notre bien-aimée Martine Tonnelier a eu le courage d'inviter le rappeur La Mec à son université d'été.

Et redoublez de sévérité envers l'extrême droite fantasmée qui vous sert d'exutoire satanique à maudire tous les soirs. N'hésitez pas à colporter cet avertissement que je vous cède en gage de loyale vassalité :

« Il est encore fécond, le ventre de l'hétérosexuel mâle d'où est sortie la bête immonde. »

Épinglons sur leur sein droit l'étoile jaune de la collaboration !

Mais terrorisez encore davantage, je vous le répète, vos compagnons de route les plus tièdes, les plus hésitants, ceux qui, précisément, rechignent à terroriser complètement. Ayez, mes nouveaux amis, l'esprit de Valmy ! N'oubliez pas que votre République postnationale est seule et entourée de nations implacables ! Que votre mise à l'index électronique ne tremble pas, enfermez davantage ceux qui comme moi ont osé résister à votre talent irrésistible. Ils vous remercieront demain comme j'implore merci aujourd'hui.

Laissez-moi vous proposer des exemples tièdes à refroidir dans le cachot ou à frire dans la poêle à martyr.

Rappelez-vous qu'il y a peu *Libération*, hier encore vaillant militant, déplorait à juste titre le manque de diversité au sein du « peloton trop blanc » du Tour de France cycliste. Dans les divers journaux collaborateurs auxquels je collaborais, je confesse honteusement lui avoir accordé « le maillot jaune de la duplicité » en lui reprochant avec une ironie trop facile sa cécité concernant le manque de diversité dans le jeu de la balle au pied. Aujourd'hui, toute revendication de sa part d'un quota maximum de mâles blancs dominants au sein des équipes sportives postnationales non genrées a cessé. Permettez-moi de trouver notre quotidien officiel essoufflé.

J'ai donc l'honneur de vous suggérer respectueusement non seulement le remplacement de l'actuel directeur de la rédaction fatigué, mais encore de voir des journalistes colorés remplacer, dans toutes les rédactions, leurs confrères privilégiés qui se feront un devoir sacré de se sacrifier avec spontanéité sur l'autel de la diversité.

Votre Grossenadelle obligée, désormais éveillée.

13.
Errances sabbatiques

Une semaine plus tard, une lundi (j'ai omis de vous signaler que les jours de la semaine ont été féminisés par décret et qu'il ne s'agit pas d'une coquille qui aurait été oubliée tout le long de mon récit), j'apprends que le directeur de la rédaction de *Libération du Monde* a été remplacé par la transdirectrice de Transe Inter. L'ensemble de la rédaction a été transféré sur Transe Bleu Auvergne et remplacé par une équipe bigarrée noire et arc-en-ciel. Mes préconisations ont donc été entérinées.

Au-delà même de mes ambitions : le mouvement que j'ai enclenché est inarrêtable. Dans tous les journaux français encore autorisés, les journalistes blancs sont débarqués séance tenante pour être remplacés par des équipes racisées. Certains privilégiés, qui, hier encore, se faisaient les apôtres de la diversité, ont paraît-il rechigné. D'aucuns prétextent des obligations familiales, d'autres ont le toupet offensant de prétendre que leurs successeurs n'ont pas encore le niveau nécessaire à la prise de relais.

Qu'importe, la révolution racialiste dévore à belles dents ses enfants blancs.

J'inscris sur mon carnet de réclamer pour le Tour de France insoumise prochain un peloton à majorité transhomme noire.

Premier cadeau

Le même jour, je reçois le courrier suivant :

> Ghislaine Grossenadelle. En phase de déconstruction accélérée, nous avons le plaisir de t'indiquer que tu pourras désormais sortir de ta résidence transparente aux fins de te promener entre 10 heures et 17 heures. Tu pourras librement circuler à l'intérieur du Centre du Bien dans la limite des espaces Louis-Patin et Alice-Couffin. Libre à toi également de prendre ton déjeuner à midi au Réfectraore Universel. Cette permission est d'application immédiate et a pour motivation ton attitude déconstructive.
>
> Salutations postnationales.
>
> Éric Poulerelle, Secrétaire politique du Centre.

P.-S. : Tu pourras être accompagnée de ton canin ou de ta canine.

Brève rencontre

Cette samedi, aux alentours de midi, je sors du réfectoire, où je me suis régalée d'une botte de radis.

Il fait chaud et j'ai grand mal à promener ma grosse carcasse. Il n'empêche que cette manière de délivrance à distance limitée m'est bien agréable. Curieusement, nulle présence animale dans cet environnement prétendument écologique, ni chien, ni chat. Pas un surmulot. Seulement quelques antifas somnolents. Et mon Dubois.

Seuls les oiseaux migrateurs de couleur, dans le ciel éveillé, ont droit à la becquée. Ils s'en prennent à des moineaux de Paris, égarés. Je passe devant un grand bâtiment translucide. Sur la porte est écrit : *Antre des Artistes*. Je reconnais les têtes connues de deux Inconnus, qui ne me reconnaissent pas.

Je poursuis ma promenade dans mon espace sans vie, sans rencontrer âme qui meure.

Alors que je continue d'errer en vieille Juive fatiguée dans ma robe jaune plissée, je rencontre, en cette samedi, un personnage qui me remet.

« Bonjour, je suis Xavier-Michel de San Salvador, j'étais professeur et appréciais votre franc-parler.

– Et qu'avez-vous fait de bien pour vous trouver si mal ?

– J'ai organisé un colloque universitaire à la Sorbonne contre le wokisme qui ne m'a valu que des avanies avec le Pr Tristan Joyeux qui est mort ici.

– Je sais…

– Ce que vous ne savez peut-être pas suffisamment, dit-il à voix basse pour éviter un enregistrement fatal, c'est l'état dans lequel se trouvait notre université avant l'arrivée au pouvoir de nos geôliers adulés.

– Dites toujours, lui réponds-je prudemment, maintenant que j'ai changé de camp.

– Le 22 juin 2023, nous avions eu l'audace d'organiser à la Sorbonne une journée d'études, “La république universelle à l'épreuve de la transidentité”. Elle rassemblait des chercheurs qui se proposaient d'organiser un grand colloque international fin 2024. Alors qu'intervenait un professeur de droit, fin connaisseur des positions intersectionnelles et transidentitaires, des étudiants déchaînés, hurlant sur un ton geignard que la faculté leur appartenait ont interrompu les débats et lancé du liquide colorant et malodorant ainsi que des objets métalliques pointus sur les intervenants. Leur but était de censurer les discours et de blesser un maximum de personnes. Face à la violence, nous sommes restés stoïques. Mais nul n'a cru devoir prendre notre défense. Pour les autres facultés françaises, l'intolérance était la même. Tous les opposants à l'extrême gauche woke n'avaient plus droit de cité universitaire.

« Cette idéologie mortifère a entraîné à son summum la guerre des races et des sexes, en sublimant les races et en supprimant les sexes.

« Mais ne croyez surtout pas que cette intolérance se soit limitée aux frontières de la France, ajouta-t-il, tandis que je demeurais prudemment taisant. Le Royaume-Uni est encore à présent le théâtre d'escarmouches violentes dans la guerre culturelle. Oxford s'enflamme autour de la question trans. Ainsi, à la même époque, l'invitation de la Pr féministe Kathleen Stock par l'Oxford Union pour prononcer une conférence sur l'égalité des sexes a mis le feu aux poudres. Accusant cette lesbienne assumée d'être transphobe, plus d'un millier d'étudiants ont manifesté et empêché la tenue de l'événement.

« Voulant dénoncer une volonté de bâillonner, un groupe de professeurs d'Oxford est monté au front dans une lettre publiée par le *Telegraph*, pour défendre le droit de Stock à exprimer ses opinions. Mais le syndicat d'étudiants d'Oxford, composé d'activistes virulents, a adopté une motion visant ses liens financiers avec l'Oxford Union. La Pr Stock avait déjà défrayé la chronique. Cette professeure de philosophie avait démissionné de son poste à l'université du Sussex après une violente campagne de harcèlement à son égard pendant trois ans. L'enseignante était devenue la cible d'activistes trans pour avoir osé soutenir que le sexe biologique est une réalité inaliénable.

« Elle avait écrit que l'identité de genre ne pouvait l'emporter sur le sexe biologique. Concrètement, elle estimait que dans les vestiaires, les toilettes ou encore les prisons, les femmes devaient avoir des espaces réservés, afin de se protéger des agressions sexuelles. Et qu'elles ne devaient pas participer à des compétitions sportives déloyales avec des hommes transfemmes. Les étudiants ont exigé son renvoi. Devant la violence des menaces, la police anglaise avait demandé à l'enseignante de placer une caméra au-dessus de sa porte d'entrée et proposé qu'elle soit escortée par des agents de sécurité. Au sein même de l'institution universitaire, des centaines d'enseignants ont signé une lettre pour contester la décision d'élever Kathleen Stock au grade de chevalier de l'ordre de l'Empire britannique. Celle-ci s'est défendue de toute transphobie, revendiquant simplement le droit de débattre sereinement de ces sujets mais, lassée par trois années d'attaques, elle décide de quitter l'université. Le procès qui lui a été fait ressemble à celui dont a été victime l'autrice de *Harry Potter* pour avoir ironisé dans ses écrits sur la différence des sexes. Un courageux petit prof de 26 ans, John Maier, avait rédigé un texte pour la défendre. La pression sur les signataires a été trop forte. Maier a confié au *Times* qu'un certain nombre d'entre eux ont finalement décidé de retirer leur nom par peur des réactions. Un professeur de philosophie morale à Corpus Christi, signataire courageux de la lettre, a raconté que l'argumentaire des activistes lui rappelait le racisme et l'intolérance de son enfance en Caroline du Sud. “Je pense qu'on ne peut être plus à gauche que moi, mais je n'arrive pas à comprendre la gauche contemporaine. Je trouve incroyable que les personnes qui préconisent de censurer toutes les opinions critiques soient de gauche.” Un autre dit : “Les opposants à Stock veulent tout simplement annuler des gens.”

« Un troisième signataire, le Pr Mc Mahan, ancien doyen d'Oxford, s'est demandé pourquoi l'université ne rappelait pas à l'ordre les étudiants protestataires. Pour lui, l'université avait le devoir statutaire de défendre la liberté d'expression. Je pense que le combat a été perdu à l'université.

« Dans toutes les universités occidentales, un amphithéâtre est baptisé *djihad Palestine* ou *ShoahGaza*. Les étudiants juifs suspects sont pourchassés sur les campus. Sauf en France, où ils ont été expulsés par le nouveau régime. »

San Salvador a parlé d'une seule traite. Il sue à grosses gouttes.

« Pardon d'avoir été si bavard mais vous vous deviez de savoir. » Il regarde autour de lui, désormais apeuré.

Quant à moi, je voudrais lui dire que l'université, jadis asile de liberté, est devenue le premier hôpital psychiatrique, et le campus l'antichambre du camp de déconstruction, mais je demeure lâchement immobile et mutique.

Second cadeau

Comme toujours, Maîtresse Hesse est entrée sans frapper. Seule son heure d'arrivée, 11 heures du soir, me paraît insolite, et sa tenue panthère noire en skaï assortie à sa badine, aussi.

« Bonsoir, cher Gronadel, dit-elle en me décochant son premier sourire.

– Bonsoir, chère Maîtresse, quel bon vent vespéral vous amène ?

– Vespé quoi ? »

J'avais oublié à quel point elle était con…

« Quel bon vent du soir vous conduit vers moi ?

– Rien que le plaisir de vous voir, figurez-vous, dit-elle d'un air badin.

– Mais quel improbable plaisir une vieille grosse femme réactionnaire comme moi peut donc vous apporter ?

– Comme vous dites souvent, mon cher confrère…

– … ex-connesœur, je vous prie, dis-je en souriant…

– Comme vous dites souvent, cher Ghislain, l'excès de modestie confine à l'orgueil. Vos derniers rapports ont fait sensation et le nouveau pouvoir vous accorde toute sa confiance. »

Au moment où l'aimable gourde prononce ce dernier mot, je comprends qu'elle est missionnée pour savoir si mon changement de camp tient du gros lard ou du vieux cochon.

L'usage de mon prénom masculin me fait craindre un instant qu'elle entend me redonner ma verge pour mieux me fouetter.

Maîtresse Hesse, missionnée comme espionne, et voulant s'acquitter de sa mission, propose pour commencer, effectivement, de me fustiger. Je crois bon, sans vouloir l'offusquer, de poliment décliner.

Elle m'entreprend alors de manière plus classique mais, devinant dans ses desseins plus le devoir que le désir, je suis bien incapable de conclure.

Les rapports entre les femmes et les femmes sont parfois impénétrables.

Épilogues

Je ne voudrais surtout pas épiloguer, mais je ne veux pas non plus que mon improbable lecteur reste sur sa faim.

Le journal qu'il lirait ne correspond pas à l'original. Ce dernier a, en effet, été saisi et brûlé par les autorités islamistes qui ont fini par envahir l'ensemble du territoire postnational par voie de submersion morale, terrestre et maritime.

Ces enragés ont tué mon gentil chien. Ils n'aiment pas les chiens.

Avant cet ultime et tragique rebondissement, des indiscrétions téléguidées ont fuité dans la presse autorisée. C'est ainsi qu'on a pu lire cet articulet dans *Libération du Monde*, le journal ayant fait aussitôt allégeance aux nouvelles autorités :

« L'inénarrable Me Gronadel a encore frappé : grimé en femme pour mieux moquer les transfemmes, il a été saisi des écrits infâmes qu'il recelait dans sa cellule confortable où il purgeait ses justes peines tout en se gavant des mets les plus délicats. La diffamation y cohabitait avec la délation, le racisme pornographique avec la misogynie, l'homophobie islamophobe avec la transphobie climatosceptique. Ses vils écrits l'auront trahi, car l'homme de l'habile perfidie duquel on vous prévenait depuis toujours dans nos colonnes a bien failli tromper son monde en feignant le repentir et la conversion.

« Il aura réussi notamment à circonvenir une malheureuse avocate sans défense ainsi qu'Éric Poulerelle, secrétaire politique de La Transe insoumise, qui n'est pourtant pas un perdreau de l'année.

« Celui-ci a été immédiatement congédié par décision personnelle de Jean-Jacques Doriochon. »

Effectivement, ce journal a trahi ma trahison, alors que j'étais en passe de gravir tous les échelons de ma déconstruction.

Mais peu importe, car peu après, tous les leaders La Transe insoumise ont été pendus au gibet des infidèles, en même temps que quelques homosexuels, à l'exception de Rima Rien et de Thomas Fenêtre en récompense des services rendus.

Le présent exemplaire a donc été réécrit de mémoire incertaine, et doivent y manquer des pages essentielles de mon récit originel. J'attends d'être fixé sur mon sort, sur lequel je fonde quelques secrets espoirs. Mais d'ores et déjà, les nouvelles autorités d'occupation m'ont réassigné à mon genre phallique et m'ont imposé une djellaba blanche ainsi qu'une diète drastique et hallalique.

J'ai confessé dans le chapitre précédent avoir ces derniers temps quelques difficultés à conclure. Aussi, et également par esprit de soumission aux bonnes grâces des autorités d'occupation, j'ai soumis à leurs relecteurs de sensibilité trois projets de conclusion.

Contrôles de relecture très sensibles

Conclusion 1

Je sors d'un rêve dans lequel je faisais une étrange randonnée. J'émerge de ce long et profond sommeil dans le petit lit blanc d'une chambre proprette, dont des barreaux obturent la fenêtre.

Le directeur du Centre, toujours en blouse blanche, se tient debout en face de moi en me souriant doucement, une étrange seringue à la main.

L'homme en blanc me donne curieusement du Monsieur…

Étreint par un méchant pressentiment, j'exige de regagner immédiatement ma cellule translucide.

Mais voilà que le pauvre homme entame un discours délirant.

Il prétend d'un air apparemment sérieux que rien n'est vrai et que le Centre du Bien n'aurait existé que dans mon imagination dérangée !

Nous serions en réalité dans un hôpital psychiatrique spécialisé qu'il dirigerait depuis cinq ans et dans lequel seraient enfermés de curieux aliénés. À en croire toujours ce dément démoniaque, le procureur Plainiel n'aurait jamais été magistrat mais prêtre paranoïaque. Maîtresse Hesse, une artiste du X sadomasochiste et la juge Ruisseau, une bouchère-charcutière de Montcul, atteinte de mythomanie aiguë.

Des jeux de rôles thérapeutiques auraient été expérimentés à des fins cathartiques, sans grands effets pratiques.

On ne contrarie pas les fous, paraît-il. Pour entrer dans son jeu, je le questionne sur le procureur Lechat-Gepetto.

« Un artificier autiste tellement intelligent qu'il est devenu incontrôlable », me répond-il sans ciller.

Mais à entendre encore cet insensé, ce Diafoirus inquiétant, une authentique pandémie mondiale de cas psychiatriques proviendrait de l'époque psychotique. Dehors, ce serait bien pire. Un véritable asile de fous à ciel ouvert. « Le wokisme est un virus mental. C'est une infection bactérienne idéologique contre le monde occidental. » À écouter l'agité, notre monde serait saisi de transes convulsives inclusives. Enfin, selon ce médecin perturbé, un confinement prophylactique serait envisagé par les autorités modérées dépassées « pour protéger les sains d'esprit assoupis des demeurés éveillés »...

Un vaccin de type classique contre des intolérances contagieuses jusqu'alors inconnues, échappées semble-t-il d'un laboratoire américain, aurait été testé sans grand résultat.

Quant à moi, mon état maniaco-dépressif suicidaire pour cause de désespoir, mes crises de boulimie et une amnésie protectrice salutaire justifieraient ma présence pour une durée indéterminée dans cet établissement fermé.

Si l'on ne passe pas à l'instant la camisole de force à ce dangereux charlatan, je le dénonce incontinent aux autorités d'occupation après ma conversion au culte mahométan.

Note du relecteur de sensibilité :

Cette conclusion 1 est cancellée. Elle fait référence à ce « wokisme » qui n'existe que dans les esprits dérangés. Elle contient également des passages insultants pour certains habitants en souffrance de la République islamique et démocratique triomphante mais charitable, qui ne peuvent que heurter les sensibilités. La République entend en effet rééduquer certains indigènes selon les principes coraniques les plus efficaces. Elle n'oublie pas que, sans eux, elle n'aurait jamais pu triompher.

CONTRÔLE DE RELECTURE

Conclusion 2

J'ai tiré ma révérence. Mes qualités athlétiques, ajoutées à ma parfaite maîtrise des arts martiaux, m'ont permis de subtiliser l'arme de l'un de mes geôliers. Le remplaçant du remplaçant du remplaçant du chef du Hezbollah était en visite d'amitié à Paris. Repris par mes vieux démons, j'ai réussi à l'approcher, masqué par un keffieh, et je l'ai neutralisé avant que de m'enfuir avec une voiture électrique à faible bilan carbone. Le monde soi-disant encore libre applaudit mon exploit, à l'exception de l'ONU qui stigmatise mon geste avec raison. À la réflexion, je suis torturé par le remords.

Note du relecteur de sensibilité :

Cette conclusion 2 est également cancellée. Elle est particulièrement choquante, le Hezbollah étant un mouvement pacifique et la violence n'étant jamais une solution.

CONTRÔLE DE RELECTURE

Conclusion 3

J'ai réussi à m'échapper du Centre du Bien en me faisant passer pour la ministre de la Culture Ersilia Soulante, à qui je ressemble désormais à s'y méprendre. Je suis réfugié dans une clinique suisse où j'ai décidé d'en finir avec une vie désormais dénuée de tout intérêt. Les frais médicaux seront acquittés par mon éditeur qui me doit beaucoup. Je demande pardon aux membres de La Transe insoumise que j'ai offensés, ainsi qu'au procureur Plainiel désormais aux commandes de la télévision publique qui ne possède plus qu'une seule chaîne, mais très solide.

Note du relecteur de sensibilité :

Cette conclusion 3 est acceptée. En dehors de l'allusion déplacée à l'égard de Madame la ministre de la Culture désormais prénommée Yasmina. La fin programmée du diariste n'est pas pour étonner. Étant notoirement connu pour son soutien à l'état nasie.

Codicille confidentiel :

Par le truchement d'un réseau clandestin, une version non expurgée et non relue de ce journal peut être trouvée sous le manteau auprès du camarade de réseau Faillard. Moyennant le versement d'un don de soutien modeste à une cagnotte très discrète domiciliée dans un établissement médical helvétique.

Sources bibliographiques

Jean-François Braunstein, *La Religion woke*, Grasset, 2022. Avec mes remerciements particuliers.

Emmanuelle Hénin, Xavier-Laurent Salvador, Pierre-Henri Tavoillot, *Après la déconstruction. L'université au défi des idéologies*, Odile Jacob, 2023.

Helen Pluckrose, James Lindsay, *Le Triomphe des impostures intellectuelles*, H&O, 2021.

Douglas Murray, *Abattre l'Occident, comment l'antiracisme est devenu une arme de destruction massive*, l'Artilleur, 2022.

Gad Saad, *Les Nouveaux Virus de la pensée. Wokisme, cancel culture, racialisme… et autres idéologies qui tuent le bon sens*, FYP éditions, 2022.

André Perrin, *Postures médiatiques*, l'Artilleur, 2022.

Samuel Fitoussi, *Woke fiction. Comment l'idéologie change nos films et nos séries*, le Cherche midi, 2023.

Eugénie Bastié, *Sauver la différence des sexes*, Tracts, n° 46, Gallimard, 2023.

Michel Onfray, *La Nef des fous*, Bouquins, 2021.

Rod Dreher, *Résister au mensonge. Vivre en chrétiens dissidents*, éditions Artège, 2021.

Steven E. Koonin, *Climat, la part d'incertitude*, l'Artilleur, 2022.

Christian Gerondeau, *Les Douze Mensonges du GIEC. La religion écologique 2*, l'Artilleur, 2022.

Hubert Heckmann, *Cancel ! De la culture de la censure à l'effacement de la culture*, éditions Intervalles, 2022.

Daniel Husson, *Climat, de la confusion à la manipulation*, l'Artilleur, 2024.

Table des matières

Cet ouvrage a été imprimé en France par
CPI Brodard & Taupin
Avenue Rhin et Danube
72200 La Flèche (France)

pour le compte des Éditions Fayard
13 rue du Montparnasse, 75006 Paris
info-fayard@editions-fayard.fr
en janvier 2025

Composition et mise en page
Nord Compo à Villeneuve-d'Ascq

fayard s'engage pour l'environnement en réduisant l'empreinte carbone de ses livres. Celle de cet exemplaire est de : 450 g éq. CO_2
Rendez-vous sur www.fayard-durable.fr

PAPIER CERTIFIÉ

N° d'édition : 66-1991-7/01 - N° d'impression : 3058834